JN021671

改訂版 決算書が読めない社員はいらない

公認会計士 木村俊治

クロスメディア・パブリッシング

はじめに

私は公認会計士です。ですから、仕事の中で様々な決算書を読む機会がありますが、最初から決算書を読めたわけではありません。「決算書を読めるようになったな」と初めて思えたのは、会計士として仕事をして５～６年たってからだと思います。

「公認会計士なのだから、決算書は読めるでしょう」と思われるかもしれません。確かに私は会計士になる前には簿記を勉強しましたし、会計士になってからも、決算書の読み方の本や財務分析の本を読んだりしていました。でも、最初の頃は、決算書を読めたつもりになっていただけでした。決算書に多くの分析手法をぶつけて、出てきた数値を報告したり、ながめて満足しているだけでした。

決算書に出会う機会があったにもかかわらず、このような体たらくになってしまった原因として考えられるのは、次の３つのことがあったからです。

1．そもそも決算書を読むことの意味を知らなかった

2．決算書を読むための順序・コツ、そして分析手法の重要度を知らずに、無謀にも決算書を読もうとしてしまった

3．決算書を読めることのメリット、読めないことのデメリットを知らなかった

私は上記のような状態から、試行錯誤を繰り返したせいで決算書が読めるようになるまでに時間がかかってしまいました。

でも、この本を読まれる人は私のように試行錯誤する必要はありません。本書の決算書の読み方を真似て決算書を読んだり、決算書を使ったりしているうちに自然と決算書を理解して読めるようになると思います。

決算書が読めるとなんとなく仕事に役立つのではないかと思っている人は多いと思いますが、決算書を読むための勉強をしても、読めない人も多いようです。

この本を手に取った人は、初めて決算書の勉強をしてみようという人も、一度は勉強したけれど、もう一度勉強してみようという人もいるかもしれません。どういう人であれ、決算書に興味を抱いたことには間違いないと思います。

私は、決算書に興味を持っていただいた人に、ぜひとも伝えたいことがあります。決算書が読めるようになると、間違いなく仕事に役立てることができるということです。

決算書は、取引先の信用状況を判断するときに利用することがあります。会社の幹部や、経営者であれば、決算書を読むことで自社の状況を知ることができますし、競合会社の状況を知ることができます。また、株式投資をしている人であれば、投資のために使うこともあります。

この本で本当に決算書を読むということを学んだことで、あなたの仕事に変化があらわれることを願っております。

カバーデザイン：萩原弦一郎
本文デザイン・制作：荒好見

目次

第3章 貸借対照表は3つのブロックの関連性を見る

第4章 キャッシュ・フロー計算書は3つに分ける

第5章 財務3表のつながりから見えてくること

第6章 収益性と安全性の分析手法

第7章 経営状況を推察する比較分析

第8章 決算書をもっと上手に利用するために

第1章

決算書は2時間で読めるようになる

01 ▶ 決算書は誰でも読めるようにつくられている

仕事でお会いする人に、「決算書を見ただけで、そんなに会社のことについてよくわかりますね？ やっぱり専門家は違うんですね」ということをよく言われます。

難しいイメージがあるのか、「決算書の勉強をする」というと、ずいぶん腰が重くなってしまうようで、学ぶ機会を持たないまま仕事をされている人がたくさんいます。一般の社員のみならず、経営者や役員の人でも、決算書を理解できていない人が意外とたくさんいるのです。

しかし、一見数字と漢字の羅列に見える決算書も、一定の「ルール」にしたがい作られています。そのルールを理解しさえすれば、専門家でなくても読めるようになっています。

そもそも決算書とはなにかというと、会社が株主や投資家に対して会社の状況を説明するために、年１回作成を義務付けられている書類の総称です。

このなかには、「損益計算書」「貸借対照表」「株主資本等変動計算書」「個別注記表」があり、上場会社はこれに加えて「キャッシュ・フロー計算書」を作成しなければなりません。

このうち、とくに重要な「損益計算書（PL）」「貸借対照表（BS）」「キャッシュ・フロー計算書（CS）」のことを財務三表と呼ぶことがあります。概要を説明しておきましょう。

損益計算書（PL）

損益計算書とは、会社の一定期間の経営成績をあらわすものであり、会社がその一定期間でどれだけ利益を稼いだかを見るときに利用します。

貸借対照表（BS）

貸借対照表とは、一定時点の会社の財政状態をあらわすものであり、会社がどれだけ資産や負債を持っているかを知るために利用します。

キャッシュ・フロー計算書（CS）

キャッシュ・フロー計算書とは、会社の一定期間のキャッシュの状況をあらわすものであり、会社がどれだけおカネを稼いで使ったかを見るときに利用します。

株主や投資家は、この決算書を見て会社の成績などを判断し、会社との関わり方を決めるわけです。

しかし、この決算書の書き方が会社によって違うと、読む人は一苦労。

そこで、どんな人でも読めるようにあらかじめ決められたルールにしたがって、決算書は作られています。

つまり、「読むのが難しい」と感じるのは、このルールを知らないだけ。読むためのルールは、難しく作られてはいないのです。

02 コスト感覚がある社員だけができること

決算書は情報の宝庫です。そして、その情報を仕事に活かすことができます。例えば、次のようなことが挙げられます。

- 会社の収益、財務の弱点を把握して改善できるようになる
- 会社の粉飾を発見できる
- 会社の業績を予測することができる
- 競合先の強み、弱みを発見することができる

しかし、多くの人は、数字を眺めているだけで、そこにある情報に気づかないことが多いのです。

実は、過去の私もそうでした。

今は公認会計士として仕事をしていますが、昔はとある紙加工品メーカーで、ルート販売や新規得意先の開拓を任されていた営業マンでした。

そこでは、新規取引先を決める際、その取引先の決算書を必ず入手して分析することが求められました。私は言われた通りに決算書を入手してはいたのですが、決算書で見ていたのは、利益が出ているか否かだけ。

むしろ、決算書の数字よりも、信用調査会社から入手したその会社の評価点を見て取引先を決めていたくらいです。

あるとき、私は格好の新規取引先の候補を見つけました。この会

社の経営状況はあまりよくないという話は先輩から聞いていたとはいえ、「とりあえずは売上と利益が出るいい話だ」と思っていました。

ところが、この取引先との契約を許してもらうために、経理にこの案件の内容を伝えると、あっさり却下。

「せっかく新しい取引先を探してきたのに、なぜ認めてもらえないんだ？」と、不満を抱いていたものでしたが、却下された理由は決算書を見れば当たり前。代金を回収するまでの期間が長く、経営状態を見ると代金が回収できなくなる可能性があったからです。

もし取引先がつぶれてしまって、代金の回収ができなくなったら、その分を取り返すのにどれくらいの売上が必要になるのでしょうか？

会計の仕組み上、一度売上として計上してしまった代金分の損失を取り戻すには、それと同じだけの「売上」ではなく、「利益」を稼がないといけません。つまり、もともとの売上の数倍もの売上をあげないとならないのです。

実際、これらのことは私が今決算書を読めるようになってわかりました。私はそれだけのリスクを会社に負わせようとしていたのです。しかし決算書が読めないと、こうなってしまいます。

もし決算書が読めていれば、上記のことを踏まえて、取引先の状況に応じた提案をすることもできたはずです。もちろん、簡単にはできるようになりませんが、決算書を理解して仕事に使えるようになるとできるようになります。

営業とか販売職であれば、取引先の信用状況を理解するため決算書を見る機会が必ず出てきます。また、損益の関係を知ることで、コスト感覚も身につくのではないでしょうか。

経営企画であれば、今後の経営を考えるとき、自社の状況、競合会社の概況を知りたいとき、決算書が大いに役立ちます。

経理であれば、他部門から、決算書を渡されて意見を求められることがあると思います。そんなとき、決算書をすらすらと解説してあげられたら、きっと信頼が高まるでしょう。

管理職の人は、これから経営を担っていきます。決算書を読むことで、自社、他社の概況を把握し仕事をすれば、会社に大いに役立つ人材になるでしょう。また、部下が手に入れてきた取引先の決算書をもとに、取引先との付き合い方も指導してあげないといけません。もし取引先の決算書を入手していながらも、なんの手を打つことなく取引先が倒産してしまったら、それは明らかにミスであり、管理職失格です。

私の場合、お客様の相談を受けるときには、できるだけ決算書を用意してもらいます。そして、その決算書を通じて、会社情報を把握して、課題解決につなげています。

03 決算書は3ステップで学ぶ

決算書が使えるようになるには、次の3つのステップを踏む必要があります。

①用語を理解する
②決算書のルールを理解する
③実践する

これは学生時代の勉強、とくに英語の勉強とよく似ています。英語を勉強しても使えない人が多いという点も共通していますね。ある意味、決算書は会社の情報を扱う言語と言い換えることもできるでしょう。

①用語を理解する

決算書には、例えば「現金預金」「売掛金」「売上総利益」「営業利益」「経常利益」などの用語が出てきます。これらは英語の勉強でいうところの単語です。ある程度の単語を覚えなければ、英語が理解できないように、まず、この用語を理解していないと、そもそも決算書の数字が何をあらわしているのかがわかりませんので、一定の用語は理解してください。

ただ、英語の単語と比較して、使われる用語は限られていますし、なんといっても日本語ですから、用語を見ればある程度その用語が意味するところは理解できます。ですからそこまで難しいものではありません。

またそもそも、暗記する必要もないでしょう。重要な用語だけおおまかに押さえておいて、とりあえず決算書を読んでみる。わからなければそのときに調べる、というやり方でいいと思います。

本書でも、よく使われる決算書の用語は一通り説明するようにしていますので、もし実際に決算書を読んでいくなかでわからない用語が出たら、本書を利用してください。

②決算書のルールを理解する

これも英語で例えるなら、文法のようなものです。決算書もでたらめに、用語を並べているわけでなく、ルールにしたがって用語が並んでいます。

例えば、「損益計算書」は会社の経営成績をあらわすものですが、そのため収益項目と費用項目が一定のルールに従って並べられています。

また、「貸借対照表」は会社の財政状態をあらわすのですが、そのため資産項目、負債項目が一定のルールにしたがって並べられて、財政状態をあらわしています。

この後説明していきますが、ルールといっても複雑なルールがあるわけでありません。誰でも使えるように、ごく限られた単純なルールがあるだけです。

③実践する

実はこれが一番難しいところです。

「実践する」というと、多くの決算書を読んでみるのがベストですが、実際はなかなかそれを実行する機会がありません。おそらく、決算書を勉強しようとした人は「まずは自社や取引先の決算書や、

3-1 決算書はルールさえ分かれば読める

用語

並び方にはルールがある

損益計算書

損益計算書
売上高
売上原価
売上総利益
販売費及び一般管理費
営業利益
営業外収益
営業外費用
経常利益
特別利益
特別損失
税引前当期純利益
法人税・住民税・事業税
当期純利益

貸借対照表

（資産の部）	（負債の部）
流動資産	**流動負債**
現金預金	買掛金
売掛金	短期借入金
棚卸資産	その他
その他	**固定負債**
固定資産	長期借入金
（有形固定資産）	その他
建物	
土地	固定負債計
その他	負債合計
（無形固定資産）	（純資産の部）
ソフトウェア	資本金
その他	資本剰余金
（投資その他の資産）	利益剰余金
投資有価証券	
その他	
繰延資金	**純資産合計**
資産合計	**負債・純資産合計**

興味のある会社の決算書を見てみよう」と考えるのではないでしょうか。

しかし、これはたいてい三日坊主で終わります。

なぜなら目的がないからです。「当期純利益は……」「長期借入金は……」などと、本に書かれている用語を順に追っていくだけでは、決算書を仕事に活かすような使い方は身につきませんし、そもそも退屈で結局続きません。

その結果、決算書を使えないままで終わってしまいます。せっかく勉強したのに、です。

英語に例えると興味もないアメリカの経済誌を取り寄せるようなものでしょうか。その内容のなかに、自分にとって使えたり面白かったりする情報がなければ、いくら英語が読めたとしてもやがては部屋に積まれる運命です。

ですから、実践するためにはなんとなくでなく、目的をしっかり持って決算書を読むことをすすめます。自社の決算書であっても、取引先の決算書であっても読む機会があれば、収益力はどれくらいあるのか、そしてその収益力の生じている原因はなにか、安全性は大丈夫かとしっかりと目的を持つことです。自分の仕事にどう利用していけるか、利用できる情報はないかと目的を持って読んでいくのです。

とはいうものの、なかなか仕事の上で決算書に出会う機会がないという人もいると思います。管理職に近づくにつれて決算書を見る機会が出てくるでしょうが、今のところ決算書を見る機会がない人にぜひお勧めしたいのが、自分の生活にできるだけ関係がある身近な問題を見つけ、それを決算書のフレームを使って解決しようとしていくことです。せっかく、決算書を学んだのですから、学んだ知識を使っていきましょう。

まず、一番身近なものとしては、自分の生活そのものでしょうか。これが決算書ではどうあらわせるのか考えてみるといいでしょう。給料が売上とすると、その給料を使ってどのような費用を使って生活しているのか。また、資産はどれくらいあって、負債はどれくらいあるのか。実は「債務超過（資産より負債が多い状態）だー」なんて事実が発覚するかもしれません。

また、仕事のときでも、常に決算書というフレームを用いながら考えるのです。仕事の相手先であれば、売上は？利益は？また、その売上を獲得するために、どんな資産を使って、その資産を調達するためにどうしているの？といった感じで、頭のなかに決算書を思い浮かべて、決算書の型に用語と数値をはめ込んでいくのです。もちろん、正確な数字でなくてもいいです。

用語とルールを頭に入れると、決算書のメカニズムがわかります。それが理解できれば、おカネを使ったあらゆる経済活動（例えば次の図のような家計・仕事）を決算書というフレームでながめてみると、今まで見えなかったさまざまなムダや弱点が、ひと目でわかるようになります。

3-2　自分を決算書におきかえると自分の現状がつかめる

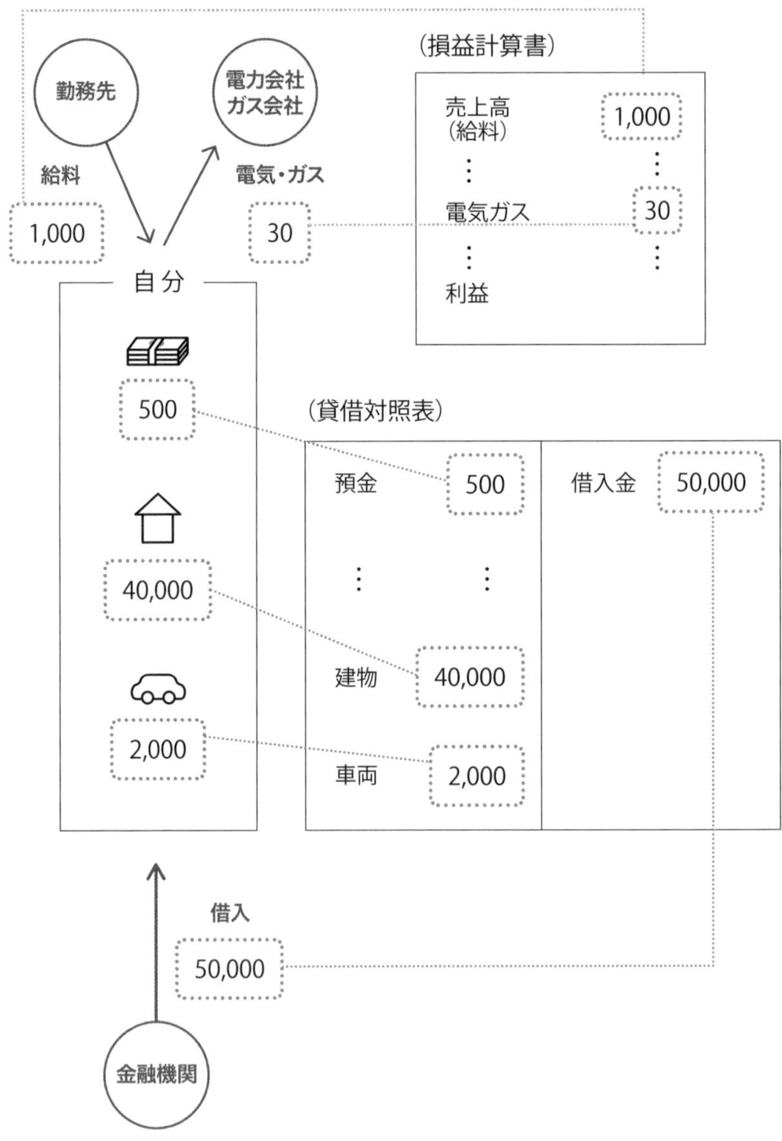

第2章
損益計算書は5つの利益を読む

01 経営成績を報告する損益計算書

「損益計算書」は会社が１年間（通常の場合。上場会社の四半期報告書では３ヶ月ごと）で、どれだけの利益をあげたかを報告します。報告にあたっては、会社が１年間で得た収益とそれにかかった費用を対応させる形式で報告しています。一般的にはPLとも呼ばれます。

損益計算書は下図のようなもので、一番上には売上高が記載され、次ページの5つの利益を算定する形で報告されます。

1-1 損益計算書

売上高	48,000,000
売上原価	28,800,000
売上総利益	19,200,000
販売費及び一般管理費	17,704,000
営業利益	1,496,000
営業外収入	100,000
営業外費用	600,000
経常利益	996,000
特別利益	350,000
特別損失	1,000,000
税引前当期純利益	346,000
法人税等	69,200
当期純利益	276,800

「売上総利益」＝売上高－売上原価

会社が販売しているモノ・サービスで、どれだけ利益を稼げる力があるかをあらわす。

「営業利益」＝売上総利益－販売費及び一般管理費

本業で獲得した利益であり、会社の営業力をあらわす。

「経常利益」＝営業利益＋営業外収入ー営業外費用

経常利益は会社が経常的な（通常の）活動で獲得した利益。会社の正常な状態での稼ぐ力をあらわす。

「税引前当期純利益」＝経常利益＋特別利益ー特別損失

税引前当期純利益は税金支払前の利益。

「当期純利益」＝税引前当期純利益－法人税等

当期純利益は当期において、会社が最終的に獲得した利益。

このように、それぞれの段階で利益がどれだけ生まれているのか、そしてその利益がどのような収益と費用によって生じているかであらわしています。ここでは、次の２点について理解してもらえれば十分です。

①損益計算書はこのような形式であること
②損益計算書には5つの重要な利益がある

続いて、損益計算書に登場する用語を見ていきます。用語は、下の表の上から下のとおりの順番で記載されます。

1-2　損益計算書の代表的な項目

売上高	会社の本業というべき事業活動で獲得した収入
売上原価	売上高を獲得するために直接かかった費用
売上総利益	会社の販売している「モノ・サービス」の商品、サービス力をあらわす利益
販売費及び一般管理費	売上高を獲得するためにかかった販売費や売上原価以外の費用、その他会社を管理運営するためにかかった費用。「販管費」とも言われる
営業利益	本業で獲得した利益であり、会社の営業力をあらわす利益
営業外収入	会社の本業以外での活動で獲得した収益
営業外費用	会社の本業以外での活動でかかった費用
経常利益	会社が経常的な（通常の）活動で獲得した利益。会社の正常な状態での稼ぐ力をあらわす利益
特別利益	臨時かつ、巨額に生じた収益
特別損失	臨時かつ、巨額に生じた費用、損失
税引前当期純利益	税金支払前の利益
法人税等	法人税、事業税、住民税といった税金費用
税引後当期純利益	当期において、会社が最終的に獲得した利益

02 会社員の損益計算書はどうなるか？

理解しやすいように、ある会社員の1ヶ月の活動を損益計算書におきかえてみましょう。

売上高

「売上高」は会社の仕事で得た対価ですから、給与が該当します。ただし、手取りでなく、税金や社会保険が控除される前の額面金額30万円が相当するでしょう。

売上原価

「売上原価」は会社員の場合は、該当するものが見当たりません。ただ、スーツや文房具を仕事のためだけに自分で購入した場合は売上原価になると思います。

売上総利益

「売上総利益」は売上原価がないので、給与の額面金額30万円そのものです。会社の仕事で稼いだ利益です。

販売費及び一般管理費

「販売費及び一般管理費」は、サービスを提供するためにかかった生活するための費用です。食費、水道光熱費、通信費などの生活費や、社会保険料が該当します。合計で25万円です。

営業外収入・営業外費用

「営業外収入」には預金利息5千円が計上されており、「営業外費用」では、金融機関からローンを借りて利息を支払っているので、その利息を1万円計上しています。もし、副業をしている場合、この収入と費用は営業外収入、営業外費用になります。

2-1　会社員の損益計算書

損益計算書		個人	
売上高	=	給料	300,000
売上原価			0
売上総利益			300,000
		食費	80,000
		水道光熱費	20,000
		通信費	20,000
		社会保険料	30,000
		その他	100,000
販管費	=	生活費	250,000
営業利益			50,000
営業外収入	=	受取利息	5,000
営業外費用	=	支払利息	10,000
経常利益			45,000
特別利益	=	車両売却益	10,000
特別損失			0
税引前当期純利益			55,000
法人税等	=	所得税	10,000
当期純利益			45,000

特別利益・特別損失

「特別利益」「特別損失」は臨時的に発生するもので、保有していた車を売買した場合などはこの部分に計上されます。今回は車を売却して売却益が出たので特別利益に1万円が計上されています。

税金の部分には給与受取時に控除されている所得税1万円が該当します。

5つの利益は何をあらわすか

売上総利益30万円は給与金額でしたから、会社員が仕事そのもので稼ぐ能力をあらわしています。

営業利益5万円はその人が仕事で得た利益から生活費を引いた金額になります。

経常利益4万5千円は、仕事以外の収入などを考慮して、その人が正常な状態で稼ぐ力をあらわします。そして、最終的に特別利益や、税金を考慮した最終の利益が当期純利益となり、その月での儲けをあらわしています。

自分の生活におきかえることで、損益計算書の仕組みを身近に感じてイメージできましたでしょうか。もう一度損益計算書を見て、この人の損益状況を考えてください。月の給与30万円は多いでしょうか？ 少ないでしょうか？ 営業利益5万円という額はどう考えますか？ 損益計算書を読むということは、このようなことを考えていくことに他なりません。

それでは、次からは5つの利益をひとつずつ、詳しく見ていきましょう。

03 商品・サービス力を表す利益
売上総利益

見るべきポイント
売上総利益を見ることで、 企業が素材から製品にした際の付加価値がわかります。

ここから、損益計算書を項目ごとに詳しく説明していきます。イメージしやすいようにパン屋の１年間の経営成績を例としています。パン屋の損益計算書は次ページの図のとおりです。これから説明していきますが、損益計算書の表のどの部分を説明しているかに留意して、読みすすめてください。損益計算書の表が何を意味しているのかを理解することが大切です。

売上高

まずは売上高の説明です。

売上高というのは、その会社の本業で稼いだ収入のことです。このパン屋であれば、１年間でパンを販売した売上金額になります。1個100円のパンを1年間で48万個販売したので、4,800万円の売上高を計上しています。

売上高そのものについては、あまり説明はいらないかもしれません。しかし、損益計算書で売上高を見るときに、売上値引、戻り、割戻、割引といった売上に関する用語に出会うかもしれません。これ

3-1 売上総利益

売上高	48,000,000
売上原価	28,800,000
売上総利益	19,200,000
販売費及び一般管理費	17,704,000
営業利益	1,496,000
営業外収入	100,000
営業外費用	600,000
経常利益	996,000
特別利益	350,000
特別損失	1,000,000
税引前当期純利益	346,000
法人税等	69,200
当期純利益	276,800

← ココ

を少し整理して説明しておきます。

売上値引

販売後、不良品や、品不足などを原因として売上金額そのものを値引いたときに、使われるもの。損益計算書では、売上高から差し引かれます。店頭で定価より値引いて販売している一般的な値引きとは意味が違うのでご注意ください。

売上戻り

販売した商品のうち、不良等により返品された場合の販売金額の取消のこと。損益計算書では売上高から差し引かれます。

売上割戻

一定以上の多額の販売をした取引先に対して、売上の一部をキャッシュバックしたものであり、いわゆるリベートのこと。こちらも売上高から差し引かれます。

売上割引

売掛金といった売上代金の支払を期日より前倒しで受け取ったときに支払う金額であり、一種の利息のようなもの。こちらは、売上高から差し引かずに営業外費用となります。

売上原価

「売上原価」は売上のために直接かかった費用です。売上原価は、次のように内訳が報告されることもあります。

売上原価＝期首棚卸高＋当期製品製造原価
＋当期商品仕入高－期末棚卸高

3-2　売上原価内訳

期首棚卸高	6,000
当期製品製造原価	27,361,200
当期仕入高	1,440,000
期末棚卸高	7,200
売上原価	28,800,000

これも簡単にするために、パン屋のイメージを使ってそれぞれの用語の説明をしましょう。

期首棚卸高

期首において前期より繰越された商品、製品。パン屋では前期に作ったパンで、販売されずに在庫となっていたものです。

当期製品製造原価

当期の製造にかかった費用です。パン屋ではパンを作るのにかかった人件費、原料などがこれに含まれます。今回は説明しませんが、決算書とは別に製造原価としてどのような費用がどれくらい発生したかの明細をあらわす、製造原価報告書というのがあります。

当期商品仕入高

当期に商品を仕入れたことによって生じた費用です。パン屋ではパンを販売するにあたり、作らずに仕入れたパンがあれば、その金額となります。

期末棚卸高

期末において販売されずに在庫となっている商品、製品。この金額が次の期では期首棚卸高になります。

売上原価のポイントは、商品がいつ仕入・製造されたものであっても、当期に販売されたものについてかかった費用を計算することです。そのため次の２点が必要になります。

①期首棚卸高を売上原価に加えること

②期末棚卸高を売上原価から引くこと

この2点について私も当初理解するのに時間がかかりました。ですから、パン屋の在庫を図にして考えてみます。

パン屋では、前期に仕入れたり作ったりしたパンでも、当期に仕入れたり作ったりしたパンでも、当期に販売された分はいずれも売上原価になります。前期と当期のパンを合計して仮の売上原価が算定されます。ただ、当期に販売されなかったパンの原価は売上原価にならないので期末棚卸高として除き、実際に販売されたパンにかかった原価を算定しているのです。

3-3　売上原価と棚卸高の関係

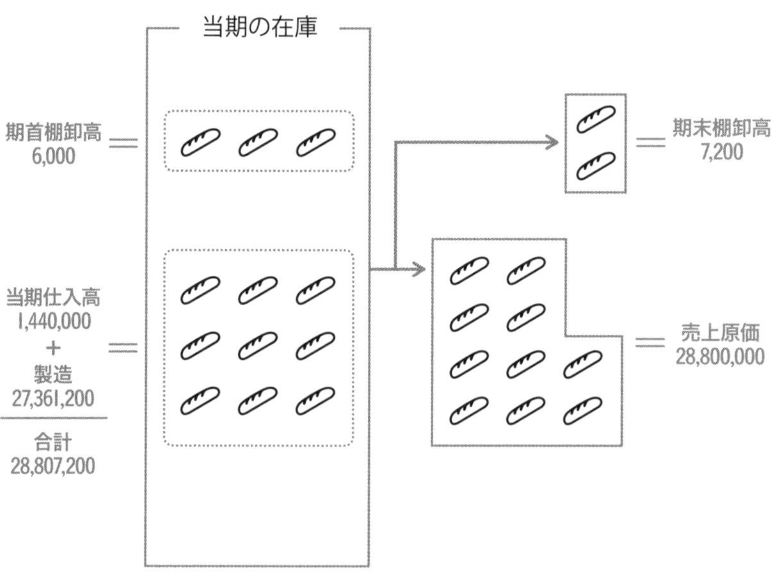

売上総利益

売上総利益とは、「売上高」から「売上原価」を引いた利益です。別名、粗利です。会社の販売している「モノ・サービス」で、どれだけの利益を稼げるかをあらわしています。素材を仕入れて製品にした際の魅力、すなわち付加価値の合計額とも言えます。ブランド力のある商品や、競合商品がない（少ない）商品の場合はこの売上総利益は高くなります。

このパン屋は、パンを1個100円で売っています。1個当たりの原価は60円なので、40円（100円－60円）が1個当たりの売上利益であり、このパンの魅力の金額です。

売上総利益の大きさは、基本的に同業でそれほど変わることはありません。パンであれば、販売価格はせいぜい100円～300円程度に収まるでしょうし、原価もほとんど同じです。

一方でまわりと比べて売上総利益が高いお店は、他のパン屋と比べて魅力的であるために販売価格が高い、大規模化等により原価が低い、といったことが考えられます。

売上総利益を同業他社と比較してみると、商品・サービスの魅力度が比較できます。なお、会社の規模が違えば売上総利益の額の規模も変わりますから、比較するときは金額を比較するのでなく、売上高総利益率（売上総利益÷売上高）で比較してください。詳しくは、6章で取り上げます。

また、この売上総利益がマイナスの場合を見かけたら、この商品、サービスは売るだけ損失が発生することから、商品、サービスの提供が中止になる運命が待っていると言えます。

04 本業で稼ぐ力を表す利益
営業利益

見るべきポイント

営業利益を見ることで、 会社が本業としている事業で稼いだ利益がわかります。

4-1　営業利益

売上高	48,000,000
売上原価	28,800,000
売上総利益	19,200,000
販売費及び一般管理費	17,704,000
営業利益	1,496,000
営業外収入	100,000
営業外費用	600,000
経常利益	996,000
特別利益	350,000
特別損失	1,000,000
税引前当期純利益	346,000
法人税等	69,200
当期純利益	276,800

←── ココ

販売費及び一般管理費

「販売費及び一般管理費」は、販売するためにかかった費用や、総務や経理などの会社の管理・運営にかかった費用のことです。販売費及び一般管理費は様々な費用を合計した金額です。実際は合計金額に明細が存在します。例えば、このパン屋の場合の販売費及び一般管理費の明細は次のとおりです。

4-2 販売費及び一般管理費の内訳

科目	金額
役員報酬	6,000,000
給料手当	4,320,000
雑給	1,920,000
賞与	400,000
退職金	100,000
法定福利費	1,264,000
福利厚生費	200,000
荷造運賃	120,000
広告宣伝費	240,000
交際費	240,000
会議費	60,000
旅費交通費	120,000
通信費	360,000
水道光熱費	360,000
支払手数料	20,000
地代家賃	1,080,000
賃借料	180,000
租税公課	120,000
減価償却費	400,000
貸倒引当金繰入	20,000
雑費	180,000
販売費及び一般管理費計	17,704,000

この表にあるのが販売費及び一般管理費に含まれる代表的な費用項目です。多くの項目の内容はその名前のとおりの内容ですが、なかには「減価償却費」「貸倒引当金繰入」というわかりにくい項目もあります。

これらの意味は、損益計算書をより理解するために、知っておくといいと思いますので少し詳しく説明します。

減価償却費

まず、「減価償却費」について説明します。これは、固定資産の購入価格を、その利用期間に応じて費用化した金額です。

このパン屋では工場を建てるために2,000万円支払いましたが、損益計算書の上では2,000万円全額が一度にまとめて計上されることはありません。その工場を動かした期間に応じて少しずつ計上されていきます。これが減価償却費です。

このパン屋では50年間動かすと考えて2,000万円を50年間で割った40万円を減価償却費として計上しています。

この減価償却費という項目は、言葉で説明すると今書いたとおりなのですが、私は初めて聞いた時から、数年間は 「なぜおカネを支払ったときに費用としないの？」「なぜ利用期間にわたって費用を計上していくの？」と不思議に思ったものです。理解を深めるために、会計の考えの話をしていきます。

損益計算書の売上高などの収益項目、仕入などの費用はおカネの入金や出金時に計上されているわけではありません。「発生主義」という考えに基づいて、収益と費用が発生した時に、計上されています。このパン屋で考えると、入金がなくても販売した時点で売上高を計上することになりますし、たとえ支払がなくてもパンの原料である小麦を使ったときにいったん費用として認識します。

4-3 減価償却費

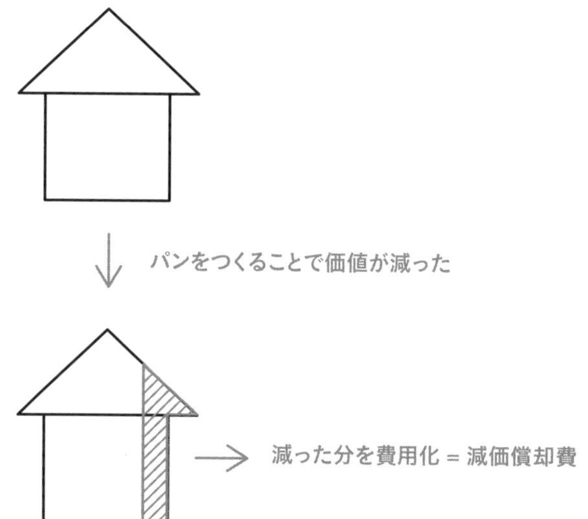

このように、おカネの入出金でなく、発生主義で認識された収益、費用が損益計算書に計上されているのです。

「減価償却費」は、この発生主義の考えに基づいて計上される費用項目なのです。

パン屋は工場でパンを作って販売しています。そして、パンを作るために工場を使っていると、どんどん使い古されて老朽化していき最後には使えなくなってしまいます。つまり、その工場の価値は0になってしまいます。

このように、固定資産は使っていくうちに価値が減っていきます。そして、その価値の減少を「減価」ととらえて費用が生じたと考えているのです。

とはいっても、実際には年々どれだけの価値が減ったかの測定は困難なので、固定資産は利用期間という耐用年数を定めて、「定額法」「定率法」といった決まった計算方法に基づいて費用が計上されます。

貸倒引当金繰入

この「貸倒引当金繰入」は、取引先への売上債権の貸倒れが将来発生することが合理的に予測される場合、その金額を予測計算して、費用計上しているものです。

このパン屋の場合、2万円計上していますが、パン屋の売上債権のうち、2万円は回収できない可能性が極めて高いので、その金額を実際に回収不能になる前に事前に見積もって計上しているものです。これも「発生主義」の考えに基づいて計上される費用です。実際の支払が確定していなくても、支出が極めて高くて、その金額が合理的に算定できる場合には、費用が発生していると考えて計上されるのです。

他にも、将来の賞与支払を見込んで計上する「賞与引当金繰入」、将来の退職金に備えたり、損害賠償に備えての引当金繰入もあります。

いずれにしても、将来の費用（ときには、損失）を見込んで計上している費用と理解しておけばいいでしょう。

営業利益

販売費及び一般管理費の次にくるのが営業利益です。

「営業利益」は、「売上総利益」から「販売費及び一般管理費」を引いた金額となります。

営業利益は会社の本業の営業で稼いだ利益です。パン屋を運営していくには、パンを仕入れたり、作るだけでなく、パンを販売するために支出したり、パン屋活動を維持するための管理費がかかってきますが、その費用を引いた金額が、149万6千円という利益になっています。

このパン屋さんがパンを販売するという本業の活動で稼ぐことのできる利益をあらわしています。これが高いほど、その会社の営業で稼ぐ力は高い傾向にあると言えます。

また、営業利益がマイナスのときは「営業損失」ということになりますが、営業損失になるということはその会社が営業している事業は儲からない事業であることを意味しています。

この営業利益は会社員の人にとっては一番身近な利益に該当するのではないでしょうか？ 営業利益より下にある経常利益以下の利益は財務活動や特別な活動によって生じる利益ですが、通常の仕事の中ではあまり関わったり、意識することがないと思います。会社員が仕事して獲得した売上や使った費用はそれぞれ、売上高や売上原価、販売費及び一般管理費に含まれます。そして、仕事の結果が営業利益にあらわれてくるのです。

ですから、多くの会社員が関わりコントロールできる利益もこの営業利益です。例えば、営業会議で利益を指すときはこの営業利益を指すことが多いと思います。

05 会社全体で稼いだ利益
経常利益

見るべきポイント
経常利益は、 本業の収入に預金利息や賃貸収入などの本業以外の業績も加えた、会社全体としての稼ぐ力を示しています。

営業外収入、営業外費用

営業利益の次にくるのが営業外収入、営業外費用です。

会社が活動していく中で必然的に生じる営業活動そのものには、直接関係ない活動です。そうした営業活動以外の活動によって生じた収益と費用がそれぞれ、「営業外収入」と「営業外費用」となります。

パン屋では、パンを作って販売する営業活動以外に、金融機関に預金をすることで利息を得ることもあります。その受取利息は「営業外収入」となっています。また、事業のために金融機関から借入をしている場合、その借入金への支払利息は「営業外費用」となります。

用語として、「営業外収入」「営業外費用」に含まれる代表的な項目を説明しますと次のページの下の表のとおりです。

5-1　経常利益

売上高	48,000,000
売上原価	28,800,000
売上総利益	19,200,000
販売費及び一般管理費	17,704,000
営業利益	1,496,000
営業外収入	100,000
営業外費用	600,000
経常利益	996,000 ← ココ
特別利益	350,000
特別損失	1,000,000
税引前当期純利益	346,000
法人税等	69,200
当期純利益	276,800

5-2　営業外収入・営業外費用の代表的な項目

営業外収入	
受取利息	金融機関へ預金することで受け取る利息
受取配当金	株式や出資によって受け取る配当金
賃貸収入	不動産賃貸による収入。賃貸収入が副業的な場合です。賃貸を本業としていれば、売上高になります
営業外費用	
支払利息	借入に対する利息の支払

経常利益

営業外収入・費用の次にくるのが経常利益です。

「経常利益」は「営業利益」に「営業外収入」を足して、「営業外費用」を引いて算定される利益です。「ケイツネ」と呼ばれることもあり、会社の通常の活動で稼ぎ出す力をあらわします。

同じ規模の２つのパン屋の営業利益がほぼ同じであっても、借入しているかしていないかで経常利益に差が生まれます。この例のパン屋は借入しているので支払利息を払っています。もし、もう一方のパン屋が借入をしていなければ、支払利息の分だけ経常利益が低くなります。

また、他の会社に投資して、そこから受取配当金を獲得していたら、その分経常利益は増えることになります。

会社の本業の営業活動に加えて、借入金の有無などの資金調達力や本業以外の投資活動による資金の運用力をひっくるめた、会社全体としてどれだけ稼ぐ力があるかがわかります。

06 想定外の損益を含んだ利益
税引前当期純利益

見るべきポイント

通常時なら稼げていたであろう利益も、突然の災害や事件などで大きく変動することがあります。その影響を反映しているのが税引前当期純利益です。

特別利益・特別損失

特別利益・特別損失は、滅多に生じない臨時の多額な損益のことです。ただ実際は、多額でなくても臨時的なものであれば、特別利益・特別損失に計上することも多いようです。

例えば、保有する土地や建物を売却して利益を獲得したとき、その利益は特別利益に計上されます。会社がリストラの一環として、本社や保養所を売却するときがありますが、そこで得た利益は特別利益に計上されているはずです。

一方、地震などの自然災害によって、工場や建物に損失が生じたときは、特別損失に計上されることになります。東日本大震災では多くの会社が震災に見舞われましたが、この震災によって生じた損失は特別損失に計上しています。

特別利益・特別損失の代表的な項目名を記載しておきます。

特別利益……固定資産売却益、投資有価証券売却益

特別損失……固定資産売却損失、固定資産除却損失、投資有価証券売却損失など

6-1　税引前当期純利益

売上高	48,000,000
売上原価	28,800,000
売上総利益	19,200,000
販売費及び一般管理費	17,704,000
営業利益	1,496,000
営業外収入	100,000
営業外費用	600,000
経常利益	996,000
特別利益	350,000
特別損失	1,000,000 ← ココ
税引前当期純利益	346,000
法人税等	69,200
当期純利益	276,800

税引前当期純利益

税引前当期純利益は、経常利益に特別利益・特別損失を足し引きした利益です。税引前当期純利益を見るにあたっては、「どうして特別利益、損失が生じたか」を見ることが重要です。通常は発生しない大きなことが生じたのですから、ここを理解することがその会社の理解に欠かせません。

特別利益、損失は、経営者の意図で生まれることがあります。例えば、利益がよくないときに、土地や有価証券を売却して特別利益を計上し、利益を確保しようとします。逆に当期の利益がいいときは、過去の膿を処理することがあります。

07 最終的に獲得した利益
当期純利益

見るべきポイント

会社が最終的に稼いだ利益をあらわします。この利益は自社で獲得した資本として、「貸借対照表」の純資産に組み込まれます。

法人税等

「法人税等」でなく、「法人税、住民税及び事業税」として記載されることもあります。ここには法人税、事業税、住民税といった法人の「所得」に対してかかる税金が計上されます。

注意してもらいたいのは「利益」に対してではないことです。税金計算では利益ではなく、所得と呼びます。法人が所得を得ると、その所得に応じて税金を納めることが求められますが、その税金が「法人税等」に計上されます。

今回の損益計算書の表には記載していませんが、「法人税等」の次に、「法人税等調整額」という言葉が記載されていることがあります。上場会社では、よく見かける用語ですので、少し説明しておきます。

法人税等調整額

「法人税等」は税金計算上の利益である「所得」に基づいて計算されていますが、その「所得」と損益計算書の「税引前当期純利益」は

7-1　当期純利益

売上高	48,000,000
売上原価	28,800,000
売上総利益	19,200,000
販売費及び一般管理費	17,704,000
営業利益	1,496,000
営業外収入	100,000
営業外費用	600,000
経常利益	996,000
特別利益	350,000
特別損失	1,000,000
税引前当期純利益	346,000
法人税等	69,200
当期純利益	276,800

←── ココ

必ずしも一致しません。

その理由は、会計上と税務上の収益（税務上は益金）、費用（税務上は損金）の認識時点が異なっているからです。

会計においては、減価償却費（39ページ）で説明した、収益・費用が発生したときに計上する「発生主義」という考え方で認識しますが、税務では必ずしも益金・損金として認められません。

例えば、会計では費用・損失などが発生する見込みが高いときは、費用として認識する傾向にありますが、税務は実際に費用、損失が確定したときにしか損金として認識しません。

そこでこのような不一致を調整して、会計上の「税引前当期純利益」で税金を計算したときの「税金」を損益計算書の法人税などの金額と認識したほうが、適切な利益を算定できると考えて、「法人税等」を調整するために、「法人税等調整額」を計上しています。

簡単に言えば、損益計算書の最終利益である「当期純利益」をより適切に算定するために、法人税等の金額を調整している項目と考えていただければいいと思います。

当期純利益

「税引前当期純利益」から「法人税等」を引いた利益が「当期純利益」になります。

当期純利益は営業活動の儲け、営業活動以外の活動による儲け、特別な損益項目を調整し、1年間で会社が稼いだ最終利益をあらわしています。

会社の正常な利益を稼ぐ力を見るなら、営業利益や経常利益が大切ですが、1年間で最終的に稼いだ利益はこの当期純利益です。会社の「利益」と言うと、通常はこの当期純利益を指すことが多いと思います。

そして、この当期純利益は、次の章の「貸借対照表」で説明する、会社の期末の「純資産」に加えられることになります。

包括利益

上場企業の損益計算書を見ると、連結損益計算書というのを見かけます。連結損益計算書はグループに属するいくつもの会社をあわせた経営成績をあらわす損益計算書です。

基本的には、連結損益計算書も本書の説明で読めるのですが、連結損益では、「当期純利益」の下に「包括利益」という利益が出てきます。

貸借対照表の純資産の増減のうち、資本取引や当期純利益以外で増減するような項目があった場合、その増減額を当期純利益に調整して、その調整後の利益を「包括利益」としています。

例えば、株式等の金融商品の含み損益も、利益を構成するものとして損益計算書に記載しています。

参考までに、どのような表となるかを例示しておきます。

7-2　包括利益

当期純利益	××
その他包括利益	
その他有価証券評価差額金	××
繰延ヘッジ損益	××
その他の包括利益合計	××
包括利益	××

なお、今回は損益計算書に含めて、包括利益を算定していますが、損益計算書と別に包括利益計算書として、別の計算書とする方法もあります。

第3章
貸借対照表は3つのブロックの関連性を見る

01 財政状態を報告する貸借対照表

「損益計算書」は一定の期間の経営成績を報告するものですが、「貸借対照表」はある時点の財政状態を報告するものです。会社の決算日（例えば、3月31日）現在、その会社がどのくらいの負債と資産を持っているのかをあらわしています。

一般的には、右のような表で報告されます。

賃借対照表は「バランスシート（BS）」とも呼ばれます。そのわけを知るために、まずは貸借対照表の各項目の並び方を理解しましょう。

左側には資産項目が並びます。

一方、右側には負債項目と純資産項目が並びます。

そこで、貸借対照表を見てみると、

「資産合計」=「負債合計」+「純資産合計」

が成り立っています。

図の資産合計は3,221万1千円で、これは負債1,121万1千円と純資産合計2,100万円を足したものと一致していますね。

左側の資産合計と負債合計と純資産合計の合計値が一致、つまりバランスしています。これがバランスシートと呼ばれる理由です。まずは、次の２点を理解してもらえれば十分です。

①左側に資産が、右側には負債と純資産が並んでいる

②右側の合計額と左側の合計額は一致する

1-1　貸借対照表

（資産の部）		（負債の部）	
流動資産		流動負債	
現金預金	4,000,000	買掛金	3,000,000
売掛金	2,000,000	短期借入金	500,000
棚卸資産	2,400,000	その他	300,000
その他	100,000	流動負債計	3,800,000
流動資産計	8,500,000	固定負債	
固定資産		長期借入金	7,000,000
（有形固定資産）		その他	411,000
建物	15,000,000	固定負債計	7,411,000
土地	5,000,000	負債合計	11,211,000
その他	2,500,000	（純資産の部）	
有形固定資産計	22,500,000	資本金	10,000,000
（無形固定資産）			
ソフトウェア	500,000		
その他	200,000	資本剰余金	10,000,000
無形固定資産計	700,000		
（投資その他の資産）			
投資有価証券	500,000	利益剰余金	1,000,000
その他	10,000		
投資その他の資産計	510,000		
固定資産合計	23,710,000		
繰延資産	1,000	純資産合計	21,000,000
資産合計	32,211,000	負債・純資産合計	32,211,000

資産、負債、純資産で見る

ここからは貸借対照表の見方を説明していきます。

1-2　貸借対照表は３つに分かれる

資産	負債
	純資産

ブロックが3つあり、それぞれのなかにも色々な項目がありますが、まず最初に見るのが純資産の合計額です。

右下の純資産の合計額は、左の資産ブロックの合計額と右上の負債ブロックの合計額との差額に相当します。

先ほどは、

「資産合計」=「負債合計」+「純資産合計」

と説明しましたが、この式は、

「資産合計」—「負債合計」=「純資産合計」

とも見ることができます。

そのため純資産は、

資産が負債より大きい場合……プラス

資産が負債より小さい場合……マイナス

となります。

純資産がマイナスだと、資産をうまくすべて現金に変えたとしても負債を返済しきれないということですから、極めて危険な状態です。このように会社の財政状態をはかるのに純資産の合計額は大切ですから、貸借対照表を見るときは、まずここがプラスであるか、マイナスであるかに注目してください。

調達と運用で見る

純資産を見た後は、資産、負債ブロックの項目を見ていくことになります。「どのような」資産・負債を「どれくらい」持っているのかをチェックしましょう。

会社は、おカネを集めてきて（＝負債・資本）、それを投資する（＝資産）ことによって活動をしています。この、おカネをどのような形で集め（調達）、どのような形で投資（運用）をしているのかをあらわすのが賃借対照表なのです。

図ではちょうど、おカネの集め方の部分が右側、おカネの投資の仕方の部分が左側に反映されています。

1-3　左側、右側で意味合いが違う

右側があらわすおカネの集め方

まずは、おカネの集め方をあらわす右側部分から説明していきましょう。

負債の部は他人から借りてきていずれ返さなければならないので「他人資本」と呼ばれています。この負債は返す時期を基準として、1年以内に返す必要がある負債を「流動負債」とし、1年を超えて返済していく負債を「固定負債」として分けています。

また、純資産は株主の出資金や会社自身が獲得した利益が源泉なので「自己資本」と呼ばれます。

左側があらわすおカネの使い方

一方、左側部分の資産は負債と純資産で集めてきたおカネが、どのように使われているかをあらわしています。

資産部分も、負債と同じく「流動」と「固定」で分かれています。「流動資産」はおカネそのものや、1年以内におカネに変わる資産です。「固定資産」は1年を超えておカネに変わっていく資産です。

財政状態の判断基準

調達と運用という視点で会社の能力を判断するときに重要なのが、次の2点です。

①安全におカネを集められているか

②集めたおカネを利益が生み出せる資産に使えているか

例えば、負債は将来的に返済が求められるものですが、純資産での調達は原則的に返済が求められません。負債が多いと返済負担が大きく、事業活動におカネを使わない傾向になり、会社は成長しにくくなります。もしかすると、倒産してしまうかもしれません。

また、資産を見る場合も、正しく運用できているかで見てみます。売れない商品に使われていないか、利用していない不動産に使われていないかといった見方で資産を見ると、資産が違った形で捉えられると思います。

02 会社員の貸借対照表はどうなるか？

会社員の資産

貸借対照表も会社員の活動に置き換えて見てみましょう。

この会社員は年末時点で、預金口座に150万円を持っているので、現金預金150万円が計上されます。

2-1 会社員の貸借対照表

（資産の部）		（負債の部）	
流動資産		流動負債	
現金預金	1,500,000	未払金	100,000
		短期借入金	1,200,000
流動資産計	1,500,000	流動負債計	1,300,000
固定資産		固定負債	
（有形固定資産）		長期借入金	20,000,000
器具備品	500,000		
建物	10,000,000	固定負債計	20,000,000
土地	16,000,000	負債合計	21,300,000
有形固定資産計	26,500,000		
（投資その他の資産）			
投資有価証券	500,000		
投資その他の資産計	500,000		
固定資産合計	27,000,000		
		純資産合計	7,200,000
資産合計	28,500,000	負債・純資産合計	28,500,000

また、パソコンやソファを合わせて50万円持っているので、器具備品に50万円が計上。住居用のマンションは、建物部分1,000万円と土地部分1,600万円にわけて計上されます。上場株式も50万円持っているので、投資有価証券に50万円が計上されます。資産を合計すると2,850万円です。

会社員の負債と純資産

一方、この会社員はカードで支払をしており、引き落としがされていない金額が年末時点で10万円あるので、未払金10万円が計上されます。マンションは住宅ローンを組み、2,120万円で購入しています。そのうち翌年返済分120万円が短期借入金に計上されて、残りの2,000万円が長期借入金に計上されます。この会社員は合計2,130万円の負債を持っています。

純資産は資産合計と負債合計の差額の720万円が計上されます。これがこの会社員が持つ正味の財産となります。

会社員の調達と運用

この会社員は借入金等で2,130万円を調達しています。また純資産として自ら稼いだ資本720万円でおカネを調達しています。そして、その調達したおカネを、現金預金150万円として持ち、生活のために、パソコン、家具として器具備品に50万円とマンションに2,600万円を使っています。また、投資として有価証券に50万円使っていることになります。

この社員はこれらの資産を使って給与を獲得して、生活してるということなのです。

03 すぐに換金できる資産
流動資産

見るべきポイント

流動資産は営業活動の上で発生する資産、もしくは1年以内におカネになる資産です。これが多いと負債が支払いやすく、会社が潰れにくくなります。

流動資産は左側の資産の部の一番上です。流動資産は営業活動の過程で発生してくる資産か、1年以内におカネになる資産です。おカネになりやすい資産と理解すればいいと思います。

この流動資産が負債と比較して多い会社ほど、負債の支払に困らない可能性が高いことから潰れにくい会社と言えると思います。例えば現金預金、棚卸資産、売掛金が含まれます。

パン屋で持っている現金や預金はおカネそのものですから、現金預金400万円が流動資産に計上されます。また、パン屋がパンを販売した代金でまだ回収されていないものは売掛金200万円として計上されています。また、作ったけど販売されていないパン、パンを作るための小麦といった原料等は棚卸資産として計上されることになります。

これらの資産はパンを作って販売する過程で発生してくる資産であり、流動資産に計上されます。

他に、貸付金や未収入金といった資産で、1年以内におカネに変わる資産は流動資産に計上されることになります。

「その他」は金額的に多額でないために、名称が付されてない項目と考えていただければいいでしょう。

3-1　流動資産

（資産の部）		（負債の部）	
流動資産		流動負債	
現金預金	4,000,000	買掛金	3,000,000
売掛金	2,000,000	短期借入金	500,000
棚卸資産	2,400,000	その他	300,000
その他	100,000	流動負債計	3,800,000
流動資産計	8,500,000	固定負債	
固定資産		長期借入金	7,000,000
（有形固定資産）		その他	411,000
建物	15,000,000	固定負債計	7,411,000
土地	5,000,000	負債合計	11,211,000
その他	2,500,000	（純資産の部）	
有形固定資産計	22,500,000	資本金	10,000,000
（無形固定資産）			
ソフトウェア	500,000		
その他	200,000	資本剰余金	10,000,000
無形固定資産計	700,000		
（投資その他の資産）			
投資有価証券	500,000	利益剰余金	1,000,000
その他	10,000		
投資その他の資産計	510,000		
固定資産合計	23,710,000		
繰延資産	1,000	純資産合計	21,000,000
資産合計	32,211,000	負債・純資産合計	32,211,000

3-2　流動資産の代表的な項目

現金預金	現金、預金（貯金）
受取手形	販売等の営業取引で受取った約束手形、為替手形
売掛金	販売等の通常の営業取引で発生する営業上の未回収の代金。営業取引外の未回収の代金は未収金となる
棚卸資産	販売のために仕入れたり、製造した資産のうち、まだ販売されていない、使われていない資産。商品、製品、半製品、仕掛品、原材料、貯蔵品などがある
商品	棚卸資産のうち販売のために外部から仕入れ、そのまま販売できるもの
製品	棚卸資産のうち自社で製造して完成したもの
原材料	棚卸資産のうち製造目的に利用される材料
仕掛品	棚卸資産のうち製造過程にあるもの
前払費用	継続してサービスを受けている時、すでに代金を前払いしているもの。未経過の保険料、家賃などがある
仮払金	支払をしたが処理すべき科目が未確定なもの
前渡金	仕入に際して代金の一部または全部を支払ったもの
未収（入）金	通常の営業活動以外で発生する未回収の代金
短期貸付金	貸付した金銭債権のうち、１年以内に回収されるもの
繰延税金資産	税効果会計の適用している場合に生じる、一種の税金の前払のようなもの
貸倒引当金	債権に対する貸倒の見込み額

04 すぐに換金できない資産
固定資産

見るべきポイント

固定資産は１年以上利用されたり、換金までに1年以上かかる資産です。建物や土地、営業権などが代表的です。

固定資産は、1年を超えて利用されたり、おカネに換金化される資産です。さらに、「有形固定資産」「無形固定資産」「投資その他の資産」(「投資等」となる場合もある)に区分されます。

例えば、工場設備投資であれば有形固定資産、システム投資であれば無形固定資産、他の会社への投資であれば投資その他の資産に計上されます。

有形固定資産

「有形固定資産」は1年を超えて利用される資産であり、物理的に存在している資産です。このパン屋では、パン工場の設備が有形固定資産に計上されています。この工場のうち、建屋部分は建物として、そして、底地部分は土地として計上されています。

メーカ等の設備が必要な会社はこの有形固定資産の金額が総資産に占める割合が高い傾向にあります。逆に言えば、設備を持たないサービス系の会社は有形固定資産があまりない傾向にあります。

4-1　固定資産

（資産の部）		（負債の部）	
流動資産		流動負債	
現金預金	4,000,000	買掛金	3,000,000
売掛金	2,000,000	短期借入金	500,000
棚卸資産	2,400,000	その他	300,000
その他	100,000	流動負債計	3,800,000
流動資産計	8,500,000	固定負債	
固定資産		長期借入金	7,000,000
（有形固定資産）		その他	411,000
建物	15,000,000	固定負債計	7,411,000
土地	5,000,000	負債合計	11,211,000
その他	2,500,000	（純資産の部）	
有形固定資産計	22,500,000	資本金	10,000,000
（無形固定資産）			
ソフトウェア	500,000		
その他	200,000	資本剰余金	10,000,000
無形固定資産計	700,000		
（投資その他の資産）			
投資有価証券	500,000	利益剰余金	1,000,000
その他	10,000		
投資その他の資産計	510,000		
固定資産合計	23,710,000		
繰延資産	1,000	純資産合計	21,000,000
資産合計	32,211,000	負債・純資産合計	32,211,000

ココ

4-2　有形固定資産の代表的な項目

建物	自社で保有している、自社ビル、工場など
建物付属設備	建物に付属する設備、電気設備、給排水設備、冷暖房設備、昇降機設備など
機械装置	工場や、建設現場で使われる動力装置。ベルトコンベア、ブルドーザー、パワーショベルなど
車両運搬具	陸上の運搬具。乗用車、トラックなど
工具・器具・備品	工場や、業務に使われる道具。取付工具、パソコン、家具など
土地	自社で保有している土地
建設仮勘定	事業に利用される資産で建設・制作中のもの

無形固定資産

「無形固定資産」は1年を超えて利用される資産ですが、「有形固定資産」と違って、物理的に形がないものが計上されています。例えば、このパン屋では、会計ソフトを保有しているので、その会計ソフトがソフトウェアに計上されています。

4-3　無形固定資産の代表的な項目

電話加入権	電話加入のための権利
営業権	「のれん」とも呼ばれる。他と比較しての超過収益力の要因となるものといわれる
特許権など	法律上の権利で、他に商標権、実用新案権、意匠権などがある。貸借対照表上では各権利名で計上される
ソフトウェア	コンピューターを機能させるプログラムなど

投資その他の資産

「投資その他の資産」は他の項目に区分されない資産が区分されることになります。「投資等」とされることもあります。1年を超えておカネになる資産や、費用に振替えられる資産が計上されます。パン屋では他社の株式を保有しているので、その株式が投資有価証券に計上されています。

4-4 投資その他の資産の代表的な項目

投資有価証券	投資目的で保有する有価証券
子会社株式	子会社の株式
出資金	株式会社以外の会社の出資額
長期貸付金	貸付した金銭債権のうち 1 年を超えて回収されるもの

05 1年以上効果が続く支出
繰延資産

見るべきポイント
1年以上の長期にわたって効果が続く支出です。 ここに計上されるのは、 あらかじめ定められた目的に支出されたものに限定されます。

固定資産の次にくる資産項目です。サービスの提供はすでに受けたけど、そのサービスを受けた効果は将来に及ぶことから、その効果の及ぶ期間にわたり費用計上するために、経過的に資産計上しているものです。わかりにくい資産項目ですね。貸借対照表で見かけたら、支出時に一時に費用化せずに、費用を繰り延べているものと理解するといいでしょう。

5-1 繰延資産の代表的な項目

創立費	会社設立に要した費用のうち、会社が負担するもの
開業費	会社設立後、実際の営業活動までの準備費用
試験研究費	新製品、新技術の発見のために試験研究を行っている場合に特別に支出した費用
開発費	新技術、新経営組織、資源開発、市場開拓等のために支出した費用
株式交付費	新株発行のために支出した費用
社債発行費	社債発行のために支出した費用

5-2 繰延資産

（資産の部）		（負債の部）	
流動資産		流動負債	
現金預金	4,000,000	買掛金	3,000,000
売掛金	2,000,000	短期借入金	500,000
棚卸資産	2,400,000	その他	300,000
その他	100,000	流動負債計	3,800,000
流動資産計	8,500,000	固定負債	
固定資産		長期借入金	7,000,000
（有形固定資産）		その他	411,000
建物	15,000,000	固定負債計	7,411,000
土地	5,000,000	負債合計	11,211,000
その他	2,500,000	（純資産の部）	
有形固定資産計	22,500,000	資本金	10,000,000
（無形固定資産）			
ソフトウェア	500,000		
その他	200,000	資本剰余金	10,000,000
無形固定資産計	700,000		
（投資その他の資産）			
投資有価証券	500,000	利益剰余金	1,000,000
その他	10,000		
投資その他の資産計	510,000		
固定資産合計	23,710,000		
繰延資産	1,000	純資産合計	21,000,000
資産合計	32,211,000	負債・純資産合計	32,211,000

ココ

06 すぐに返さないといけない負債
流動負債

見るべきポイント
1年以内に返さなければならない負債です。 多ければ多いほど会社は潰れやすくなります。

流動負債は表の右上にある部分です。この流動負債は短期で支払が必要な負債が計上されることになります。流動資産は営業活動をしていく中で発生する資産が計上されると説明しましたが、この流動負債は逆に営業活動をしていく中で発生する負債が計上されることになります。

パン屋では原料を購入した代金で未払のものが買掛金として計上されています。また、パン工場の建設のために金融機関から借入したもののうち、1年以内に返済が必要な金額が短期借入金に計上されています。

流動資産が多いほど会社は潰れにくい傾向にあると説明しましたが、流動負債は逆で、この金額が多いほど潰れやすい傾向にあると言えます。流動負債が流動資産より多い場合、短期で支払うべき負債が短期でおカネに変わる資産より多いということですから、支払が滞る可能性があることから、潰れやすく安全性が低いことになります。

流動負債はおカネを支払うものであり、流動資産はおカネで回収されるものです。そのため、内容が同じで支払と回収の違いによる

6-1　流動負債

ココ

（資産の部）		（負債の部）	
流動資産		流動負債	
現金預金	4,000,000	買掛金	3,000,000
売掛金	2,000,000	短期借入金	500,000
棚卸資産	2,400,000	その他	300,000
その他	100,000	流動負債計	3,800,000
流動資産計	8,500,000	固定負債	
固定資産		長期借入金	7,000,000
（有形固定資産）		その他	411,000
建物	15,000,000	固定負債計	7,411,000
土地	5,000,000	負債合計	11,211,000
その他	2,500,000	（純資産の部）	
有形固定資産計	22,500,000	資本金	10,000,000
（無形固定資産）			
ソフトウェア	500,000		
その他	200,000	資本剰余金	10,000,000
無形固定資産計	700,000		
（投資その他の資産）			
投資有価証券	500,000	利益剰余金	1,000,000
その他	10,000		
投資その他の資産計	510,000		
固定資産合計	23,710,000		
繰延資産	1,000	純資産合計	21,000,000
資産合計	32,211,000	負債・純資産合計	32,211,000

科目が多く存在します。例えば、「売掛金」と「買掛金」、「受取手形」と「支払手形」、「未収入金」と「未払金」、「短期貸付金」と「短期借入金」、「前払費用」と「未払費用」、「前払金」と「前受金」があります。

6-2　流動負債の代表的な項目

買掛金	材料、商品、製品などを仕入れた代金のうち、未払の代金。営業取引以外の未払の代金は未払金となる
支払手形	材料、商品、製品などの購入代金として振出した手形
未払金	通常の営業取引以外で発生する、未払の代金
短期借入金	返済期限が 1 年以内の借入金
前受金	仕入等に際して、代金の一部または全部を先に支払をうけたもの
預り金	取引先や従業員から一時的に預かっているおカネ
未払費用	継続してサービスを受けているとき、サービスは受けたが、代金は未払となっているもの。未経過の保険料、給料などがある
未払法人税等	未払金のうち法人税、事業税等の地方税の未払金額

07 すぐに返さなくてもいい負債
固定負債

見るべきポイント

支払期限が1年以上ある負債です。当初は固定負債として借りたものでも、返済期限が1年以内になると流動負債に計上されるようになります。

固定負債は表の右側の流動負債の次に位置します。固定負債は、1年を超えて支払が生じる負債です。

固定資産のように「有形」とか「無形」のような区分はありません。例のパン屋では、パン工場の設備のために借入した借入金のうち、返済期限が1年超のものが計上されています。なお、1年以内とか、1年超と何気なく使ってきましたが、1年の基準は貸借対照表の基準の日を基準にして1年以内か、1年超になります。例えば、借入をして5年後に返済する場合、最初は長期借入金として固定負債に計上されますが、返済期限が1年を切ったときには、1年以内返済長期借入金として流動負債に計上されることになります。

7-1 固定負債の代表的な項目

長期借入金	返済期限が1年超の借入金
社債	会社が外部から資金調達のために発行する有価証券
退職給付引当金	期末時点で将来の退職金の支払の見込み額。退職に備えた年金資産を保有していれば、この金額が控除されたもの

7-2　固定負債

ココ

（資産の部）		（負債の部）	
流動資産		流動負債	
現金預金	4,000,000	買掛金	3,000,000
売掛金	2,000,000	短期借入金	500,000
棚卸資産	2,400,000	その他	300,000
その他	100,000	流動負債計	3,800,000
流動資産計	8,500,000	固定負債	
固定資産		長期借入金	7,000,000
（有形固定資産）		その他	411,000
建物	15,000,000	固定負債計	7,411,000
土地	5,000,000	負債合計	11,211,000
その他	2,500,000	（純資産の部）	
有形固定資産計	22,500,000	資本金	10,000,000
（無形固定資産）			
ソフトウェア	500,000		
その他	200,000	資本剰余金	10,000,000
無形固定資産計	700,000		
（投資その他の資産）			
投資有価証券	500,000	利益剰余金	1,000,000
その他	10,000		
投資その他の資産計	510,000		
固定資産合計	23,710,000		
繰延資産	1,000	純資産合計	21,000,000
資産合計	32,211,000	負債・純資産合計	32,211,000

08 返済が必要ない資金 純資産

見るべきポイント

純資産は、株主からの出資金や事業で稼いだ利益などで構成される、誰にも返す必要のない資本です。多ければ多いほど、安全性が高まります。

表の右下部分が純資産の部になります。資産と負債の差額をあらわす部分であり、主なものとして、株主による出資金と会社が獲得した利益の累計が区分されます。この純資産金額が大きいというのは、負債より資産が多いということですから、潰れにくい傾向にあり、安全性が高い会社と言えます。別の見方で言えば、純資産は自己資本です。負債が他人資本のため、返済が必要であることに対して、自己資本は返済を基本的には要しませんから、負債よりこの自己資本である純資産が大きい会社ほど、潰れにくく安全性が高い会社となるのです。

このパン屋では、株主の出資2000万円を、資本金に1000万円組み入れて、残りを資本剰余金に計上しています。そして、設立からの利益の累計は100万円なので、利益剰余金に100万円が計上されています。

純資産の部は、図にある資本金、剰余金の他に、自己株式、評価差額等の項目も計上されます。

自己株式、評価差額があると純資産の部はp.75のようになります。

8-1　純資産

（資産の部）		（負債の部）	
流動資産		流動負債	
現金預金	4,000,000	買掛金	3,000,000
売掛金	2,000,000	短期借入金	500,000
棚卸資産	2,400,000	その他	300,000
その他	100,000	流動負債計	3,800,000
流動資産計	8,500,000	固定負債	
固定資産		長期借入金	7,000,000
（有形固定資産）		その他	411,000
建物	15,000,000	固定負債計	7,411,000
土地	5,000,000	負債合計	11,211,000
その他	2,500,000	（純資産の部）	
有形固定資産計	22,500,000	資本金	10,000,000
（無形固定資産）			
ソフトウェア	500,000		
その他	200,000	資本剰余金	10,000,000
無形固定資産計	700,000		
（投資その他の資産）			
投資有価証券	500,000	利益剰余金	1,000,000
その他	10,000		
投資その他の資産計	510,000		
固定資産合計	23,710,000		
繰延資産	1,000	純資産合計	21,000,000
資産合計	32,211,000	負債・純資産合計	32,211,000

↑
ココ

8-2　純資産

（純資産の部）	
Ⅰ株主資本	
資本金	××
資本剰余金	××
利益剰余金	××
自己株式	△××
株主資本合計	××
Ⅱ評価・換算差額等	
その他有価証券評価差額金	××
繰延ヘッジ損益	××
評価・換算差額等合計	××
Ⅲ新株予約権	
新株予約権	××
純資産合計	××

8-3　純資産の代表的な項目

資本金	株主からの出資金額
資本剰余金	出資、自己株式取引など資本取引により発生した剰余金
資本準備金	株主の出資のうち資本金に組入れられなかった金額等
その他資本剰余金	資本剰余金のうち、資本準備金以外のもので、「資本金資本剰余金減少差益」、「自己株式処分差益」などがある
利益剰余金	利益のうち、内部留保されているもの
利益準備金	利益剰余金のうち、剰余金の配当に際して、一定額まで積み立てが要請されるもの
自己株式	会社が発行した株式のうち、自社で保有している株式。純資産の部ではマイナス表示される
その他有価証券評価差額金	投資有価証券のうち、その他有価証券を時価評価したことによる評価金額
繰延ヘッジ損益	ヘッジ会計を適用している時、時価評価されたヘッジ手段の損益や評価差額をヘッジ対象の資産・負債の損益が認識されるまで、繰延した金額
新株予約権	将来の新株発行時に、その新株の引き渡しを受ける権利

第4章 キャッシュ・フロー計算書は3つに分ける

01 おカネの動きを示すキャッシュ・フロー計算書

キャッシュ・フロー計算書とは、一定期間の会社のおカネの動きを、右のような表で報告するものです。

キャッシュ・フロー計算書は、比較的新しい決算書であり、上場企業以外は作成の必要が原則ありませんので、あまり見かけないかもしれません。

しかし、世間で言われる「財務３表」とは、損益計算書、貸借対照表、そしてこのキャッシュ・フロー計算書を合わせたものを言います。損益計算書、貸借対照表と同じくらい重要なもので、貸借対照表、損益計算書ではわかりづらいおカネの動きを理解できるので、会社を理解するためには非常に大切です。

3つの活動によるおカネの動き

キャッシュ・フロー計算書とは、字のとおりキャッシュの流れ、すなわち現金や（短期で現金化できる）預金の増減額をあらわしたものです。キャッシュ・フローはCFと略されますが、キャッシュ・フロー計算書は一般的にCSとも呼ばれます。右図の場合では、下から3行目に「現金及び現金同等物の増減額」が、前期から当期までの活動によって、最終的に増減した額をあらわしています。ここでは50万円のおカネが増加していることになっていますね。

1-1 キャッシュ・フロー計算書

営業活動によるキャッシュ・フロー	
税引前当期純利益	346,000
減価償却費	400,000
受取利息・配当金	△ 100,000
支払利息	600,000
特別損失	1,000,000
特別利益	△ 350,000
売上債権増減	△ 500,000
棚卸資産増減	400,000
仕入債務増減	△ 500,000
その他	464,000
小計	1,760,000
利息及び配当金受取額	90,000
利息の支払額	△ 580,000
法人税等の支払	△ 70,000
営業活動によるキャッシュ・フロー	1,200,000
投資活動によるキャッシュ・フロー	
有形固定資産の取得による支出	△ 1,500,000
有形固定資産の売却による収入	1,300,000
投資有価証券の売却による収入	500,000
投資活動によるキャッシュ・フロー	300,000
財務活動によるキャッシュ・フロー	
長期借入金返済による支出	△ 1,000,000
財務活動によるキャッシュ・フロー	△ 1,000,000
現金及び現金同等物の増減額	500,000
現金及び現金同等物の期首残高	3,500,000
現金及び現金同等物の期末残高	4,000,000

もちろん、キャッシュ・フロー計算書でわかることは、「最終的におカネが50万円増えた」という結果だけではありません。図を見ていただければわかりますように、キャッシュ・フロー計算書は上から、「営業活動によるキャッシュ・フロー」「投資活動によるキャッシュ・フロー」「財務活動によるキャッシュ・フロー」と区分されています。

こうすることによって、会社が持っているおカネがどの活動で増減しているのか、その過程を見ることができるのです。

それぞれの区分の説明をすると、次のようになります。

- 営業活動によるキャッシュ・フロー

その会社が営業（事業）活動でどれだけおカネを稼いだか

- 投資活動によるキャッシュ・フロー

事業を行うための設備投資や他の会社への投資などで、どれだけおカネを稼いだか、または使ったか

- 財務活動によるキャッシュ・フロー

会社が事業を行う中でどのように資金を調達して、返済してきたか

この図では、この会社は営業活動では120万円稼いで、投資活動でも30万円稼ぎ、財務活動では100万円使った結果、最終的におカネを50万円増やしているということになります。

02 キャッシュ・フロー計算書の役割

黒字倒産の理由

黒字倒産という言葉を聞いたことがあるかもしれません。これは、会社が利益を稼いでいるにもかかわらず、倒産してしまうことです。いったいそれはなぜ起こるのでしょう？

それは、この会社は利益が出ていても、おカネがないからです。会社が存続していくには利益はもちろん大切ですが、そもそもおカネがないと会社は存続できません。おカネがないと、給料も払えないし、モノも買えません。借金も返せなくなるので、倒産してしまうのです。

会社の稼ぐ力を見るうえでは損益計算書の利益を稼ぐ力を見ることも大切ですが、経営状況を知るためには、キャッシュ・フロー計算書を使って、この会社がどのようにおカネを稼ぐかを見ることも大切だということです。

実際、私は中小企業の収益力、財務状況を確認しているときに、利益が数期間計上されているにもかかわらず、なぜか財務状況が厳しい会社をよく見ることがあります。そんなときにキャッシュ・フロー計算書を見てみます。もちろん、中小企業ではキャッシュ・フロー計算書は作成されていませんが、貸借対照表や損益計算書があれば作成可能なので、作成してみます。

そうすると、利益は出ているにもかかわらず、営業活動でおカネを稼げていなかったり、借入金の返済が大きい金額だったりして、財務状況が苦しいということがわかります。このように損益計算書ではわからないことが、キャッシュ・フロー計算書ではわかることがあります。

キャッシュ・フロー計算書のいくつかの特徴

利益と現金の増減を明らかにする

キャッシュ・フロー計算書では会社の利益がどのようにおカネの増減につながるかをあらわしていますが、ここでポイントとなるのは、会社は利益を出しても、必ずしもその利益とおカネの増加額が一致しているとは限らないということです。

損益計算書では、利益を増やす原因となる売上は「販売した時点」で認識されますが、それは必ずしも「おカネが入金された時点」ではありません。

例えば、会社が商品販売したときについて考えてみましょう。損益計算書に売上が計上されるのは、お客様の注文に応じて商品が出荷、または到着したときです。しかし、実際に会社に現金が入ってくるのは、お客様が支払をしたときですよね。その間会社は利益を上げているものの現金は増えていないのです。

これと同じように、利益を減らす原因となる経費も、その経費が発生した時点で認識され、おカネを支払った時点とは限りません。

つまり、利益の増減とおカネの増減のタイミングは必ずしも一致していないのです。

キャッシュ・フロー計算書はこの利益がどのような形でおカネの増減に影響をあたえているかをあらわしています。p.79の図では一番上の利益は34万6千円ですが、この利益におカネの支出の伴わない費用を足したり、営業活動に関する資産、負債の増減などが調整がされて、営業活動によるキャッシュ・フローとなり、最終的におカネの増減となる現金及び現金同等物の増減額につながっています。

利益に関係のないおカネの動きを明らかにする

また、キャッシュ・フロー計算書にはもうひとつ重要な特徴があります。それは利益に直接影響しないおカネの動きを明らかにしているということです。

おカネのやり取りと考えると売上、費用に関することだけだと考えてしまいがちですが、売上と費用以外にもおカネが動く取引が会社にはたくさんあります。例えば、固定資産を考えてみましょう。おカネを支払って固定資産を購入しても、利益にすぐ反映されるわけではありません。損益計算書では購入した固定資産金額の一部が利用期間に応じて少しずつ減価償却という形で費用となるだけです。損益計算書だけ見ても固定資産に関するおカネの動きを理解することは不可能です。

また、借入をしたらおカネは増えて、借入を返済したらおカネは減りますが、損益計算書の利益には直接影響はあたえません。

キャッシュ・フロー計算書は、このような利益に関係しない、固定資産の購入、借入や返済等のおカネの動きも明らかにしてくれます。

以上が、キャッシュ・フロー計算書のいくつかの特徴ですが、ここからは、キャッシュ・フロー計算書を理解するために必要な用語の説明します。

現金及び現金同等物

キャッシュ・フロー計算書ではおカネは「現金及び現金同等物」

とされています。現金そのものだけでなく、いつでも引出し可能な普通預金や満期期間が3ヶ月以内の定期預金などが含まれています。

いつでも使えるおカネと考えてもらえば十分です。

直接法と間接法

キャッシュ・フロー計算書の作成方法には、直接法と間接法の2種類があります。直接法では代金回収、仕入代金の支払と主要な取引毎に収入額と支出額を記載します。一方、間接法では利益に必要な調整をしてキャッシュ・フローを算定します。この本のなかでは間接法で作成されているキャッシュ・フロー計算書の説明をします。多くの会社がこの間接法で作成していますので、間接法を理解しておけば十分です。

03 キャッシュ・フロー計算書の構造

さて、キャッシュ・フロー計算書の「営業活動」「投資活動」「財務活動」の3つの段階を説明する前に、まず間接法キャッシュ・フロー計算書全体の構造を説明しておきましょう。

間接法では、営業キャッシュ・フローは残り2つのキャッシュ・フローと比べて異質な存在です。違いは次のとおり。

営業キャッシュ・フロー
→現金の出入りを利益の金額から逆算する

投資、財務キャッシュ・フロー
→現金の出入りをひとつひとつ足しあわせていく

ちなみに、営業キャッシュ・フローも現金の出入りをひとつひとつ足しあわせていく方法をとると、直接法のキャッシュ・フロー計算書になります。ただ面倒な直接法よりも、間接法は損益計算書・貸借対照表から簡単に作れるのでメジャーな存在になっています。

営業キャッシュ・フローを逆算するためには、利益の金額から3種類の金額を足し引きしなければなりません。

それは前述した、次の3つです。

- 利益が計上されるタイミングとズレたおカネの動き
  例：売掛金、買掛金

● おカネの動きに関係しない損益
例：減価償却費、のれんの償却額

●「投資活動によるキャッシュ・フロー」や「財務活動によるキャッシュ・フロー」の区分に関連して発生する損益
例：有形固定資産売却損益、投資有価証券売却損益

例えば、5千円の売上が計上されたけれど、実はまだ入金されていなかった場合を考えてみます。理解しやすくするため、費用がなく、売上高＝利益と考えてください。このとき会社は売掛金という資産は増えたのですが、現金がない状態です。売上相当の利益が5千円計上されても現金が入ってこないで売掛金が増えただけですから、売掛金を引いて現金を0に合わせます。一見、おカネを増やすようなイメージがある資産項目が増えると、マイナスにして、なぜか利益からマイナスされているのは、あくまでもおカネの動きを明らかにするために「逆算」をするためです。

例をキャッシュ・フロー計算書であらわすと次ページの図のようになります。

他にも、キャッシュ・フロー計算書では減価償却という費用項目が、利益にプラスされることになります。

また、「投資活動によるキャッシュ・フロー」や「財務活動によるキャッシュ・フロー」に関連する損益として、有形固定資産売却損益や、有価証券売却損益などがありますが、これも投資活動、財務活動によるキャッシュ・フローでおカネの動きを明らかにするために、調整する損益です。有形固定資産売却益は利益にマイナスしていますし、逆に有形固定資産売却損は利益にプラスすることになっ

3-1 5千円の売上が売掛金になった場合

利益	5,000
売上金の増加	△ 5,000
おカネの増減額	0

ています。

これから個々の営業キャッシュ・フローの項目を簡単に説明しますが、字の印象で理解しようとするのではなく、あくまでも逆算するのだと思って考えてみるとわかりやすいと思います。

04 事業で稼いだおカネ 営業活動によるCF

見るべきポイント

会社が事業でどれだけのおカネを稼いでいるのかがわかります。黒字が大きければ事業は安定していて、逆に赤字が大きいと倒産の危険もあります。

次ページの図は例のパン屋のキャッシュ・フロー計算書です。これを使って説明していきます。

まずは、「営業活動によるキャッシュ・フロー」の部分から説明します。この部分はその会社が営業（事業）でどれだけおカネを稼ぐことができるかをあらわしています。「損益計算書」で言えば、営業利益や経常利益に匹敵するものです。

このパン屋は営業活動で120万円稼いでいます。実際の利益は34万6千円ですが、おカネでは120万円稼いでいることになります。「営業活動によるキャッシュ・フロー」は黒字で、多い方がやはりいいことになります。逆に赤字であれば、この会社は営業（事業）ではおカネが稼げていないことになります。この状況が継続すれば、いずれ会社・事業は破綻するでしょう。

営業活動によるキャッシュ・フローの部分について、ここでもう少し具体的に各項目が持つ意味を説明していきます。

税引前当期純利益

一番上の税引前当期純利益は、損益計算書の税引前当期純利益と一致しています。パン屋の損益計算書では34万6千円でしたから、

4-1 営業活動によるキャッシュ・フロー

営業活動によるキャッシュ・フロー	
税引前当期純利益	346,000
減価償却費	400,000
受取利息・配当金	△ 100,000
支払利息	600,000
特別損失	1,000,000
特別利益	△ 350,000
売上債権増減	△ 500,000
棚卸資産増減	400,000
仕入債務増減	△ 500,000
その他	464,000
小計	1,760,000
利息及び配当金受取額	90,000
利息の支払額	△ 580,000
法人税等の支払	△ 70,000
営業活動によるキャッシュ・フロー	1,200,000
投資活動によるキャッシュ・フロー	
有形固定資産の取得による支出	△ 1,500,000
有形固定資産の売却による収入	1,300,000
投資有価証券の売却による収入	500,000
投資活動によるキャッシュ・フロー	300,000
財務活動によるキャッシュ・フロー	
長期借入金返済による支出	△ 1,000,000
財務活動によるキャッシュ・フロー	△ 1,000,000
現金及び現金同等物の増減額	500,000
現金及び現金同等物の期首残高	3,500,000
現金及び現金同等物の期末残高	4,000,000

← ココ

34万6千円が計上されています。そして、この利益から順に、実際のおカネの動きに合わせるように、資産負債、収益、費用の項目が調整されます。

なお、「△」はマイナスを意味していますが、これはおカネを減少させる意味を持っており、逆に「△」がついていない項目はプラスを意味しており、おカネを増加させる意味を持っています。

減価償却費

減価償却費は「△」がついていません。つまり、この減価償却費はおカネの増加を意味しています。この図では減価償却費40万円で、おカネを40万円増加させていることになります。なぜ、この減価償却費はおカネを増加させることになるかと言いますと、減価償却費は損益計算書では「費用」として利益を減少させますが、おカネが実際に支払われているわけでないことから、この金額分を増加させておカネの動きに合わせようとしているのです。実際のおカネの支払は減価償却費のもとになった固定資産が購入された時点ですから、購入したとき、投資活動によるキャッシュ・フローの区分にて有形固定資産の購入による支出などであらわされることになっています。

受取利息・配当金、支払利息

図に、受取利息・配当金、支払利息があります。これは損益計算書の営業外収入、費用の金額と一致しています。

受取利息・配当金は、利益を増加させる項目ですから、キャッシュ・フロー計算書では「マイナス」に働きます。逆に、支払利息は利益を減少させる項目なので、キャッシュ・フロー計算書では「プラス」の影響を持ちます。

これは営業活動によるキャッシュ・フローの区分にある小計以下に、「利息及び配当金受取額」「利息の支払額」がありますが、この項目で実際のおカネをどれだけ受取、支払っているかを明らかにするために、調整しているに過ぎません。

図では「受取利息・配当金」は△10万円ですが、「利息及び配当金受取額」は9万円です。損益計算書では受取利息・配当金は10万円ですが、実際のおカネとしての「利息及び配当金受取額」は9万円ということです。また、「支払利息」は60万円ですが、「利息の支払額」は△58万円です。損益計算書では支払利息は60万円ですが、実際のおカネとしての「利息の支払額」は58万円ということです。

なお、営業活動によるキャッシュ・フローの区分にある小計の意味ですが、この小計がおおむね営業活動に関係する取引によって生じるキャッシュ・フローの合計を意味しており、小計より下の項目では利息の受取や支払、法人税に関係するキャッシュ・フローが含まれることになります。

売上債権増減、棚卸資産増減、仕入債務増減

「売上債権増減」「棚卸資産増減」「仕入債務増減」は貸借対照表における資産・負債項目の増減額をあらわしています。期首の貸借対照表、つまり前期末の貸借対照表と比較して資産が減少すると、キャッシュ・フロー計算書ではおカネを増加させて、資産が増えるとおカネを減少させることになっています。

資産が減少するというのは「おカネが回収された」ということなので、キャッシュ・フロー計算書ではプラスになります。例えば売上債権が減るのはおカネが回収されることから、おカネは増加します。逆に、資産が増加するというのは、その分おカネが入らなくなることから、おカネが減少します。

負債は資産とは逆です。負債が減少することは「おカネを支払った」ので、キャッシュ・フロー計算書ではマイナスとなります。負債が増加することは、「おカネを支払わずに済んだ」ということになるので、おカネはプラスになります。

売上債権は前期と比較して50万円増加しているのでその分おカネが入らなかったことから、キャッシュ・フロー計算書では△50万円とおカネを減少させます。棚卸資産は前期と40万円が減少しているのでその分おカネが回収されたことから、40万円とおカネを増加させています。仕入債務は前期と比較して50万円減少しているので、△50万円とおカネを減少させています。

法人税等の支払

一番下に「法人税等の支払」がありますが、これは会社が法人税等の税金をおカネでどれくらい支払をしたかをあらわします。損益計算書でも法人税等という項目があり、パン屋では6万9千円でしたが、実際の支払額は7万円となっています。

キャッシュ・フロー計算書では一番上の利益は法人税等の支払後の最終利益である当期純利益でなく、税引前当期純利益になっています。そのため、法人税支払額が、キャッシュ・フロー計算書に出てくることになります。

05 投資に使ったおカネ 投資活動によるCF

見るべきポイント

投資活動にどのようにおカネを使っているかわかります。マイナスならば積極的に投資していて、プラスならば投資活動の停滞、または撤退をしています。

投資活動によるキャッシュ・フローは、投資活動にどれくらいおカネを使い、どれくらいおカネを稼いだのかをあらわします。投資へのおカネの使い方ですから、会社の投資への取り組みが見て取れます。

ここで注意したいのが、投資活動によるキャッシュ・フローは、個々の取引を足しあわせて算出するということです。ですので、おカネを使う動きか、おカネを手に入れる動きか、ということを追うと、項目のプラス・マイナスが理解しやすくなります（これは次の財務活動によるキャッシュ・フローでも同様です）。

例えば、固定資産などへの投資が活発だとおカネを使うでしょうからマイナスになる傾向があります。また、プラスであれば、投資活動が停滞している可能性があります。また、ここの金額がプラスで多いときは固定資産や、投資有価証券売却等をして、事業をリストラしている可能性があります。

図では、有形固定資産に対して、150万円投資して、逆に有形固定資産の売却で130万円の収入を得ています。また、投資有価証券を売却して50万円を獲得しています。

5-1 投資活動によるキャッシュ・フロー

営業活動によるキャッシュ・フロー	
税引前当期純利益	346,000
減価償却費	400,000
受取利息・配当金	△ 100,000
支払利息	600,000
特別損失	1,000,000
特別利益	△ 350,000
売上債権増減	△ 500,000
棚卸資産増減	400,000
仕入債務増減	△ 500,000
その他	464,000
小計	1,760,000
利息及び配当金受取額	90,000
利息の支払額	△ 580,000
法人税等の支払	△ 70,000
営業活動によるキャッシュ・フロー	1,200,000
投資活動によるキャッシュ・フロー	
有形固定資産の取得による支出	△ 1,500,000
有形固定資産の売却による収入	1,300,000
投資有価証券の売却による収入	500,000
投資活動によるキャッシュ・フロー	300,000
財務活動によるキャッシュ・フロー	
長期借入金返済による支出	△ 1,000,000
財務活動によるキャッシュ・フロー	△ 1,000,000
現金及び現金同等物の増減額	500,000
現金及び現金同等物の期首残高	3,500,000
現金及び現金同等物の期末残高	4,000,000

06 資金調達・返済を表すおカネ
財務活動によるCF

見るべきポイント
どれだけ資金を調達し、どれだけ返済しているかがわかります。プラスの場合は資金を調達しており、マイナスの場合は資金を返済に充てています。

この財務活動によるキャッシュ・フローは財務活動によりどれだけ資金を調達し、また資金を返済したかをあらわしています。

プラスの場合は、おカネを外部から調達していることを意味しており、マイナスの場合は外部から調達してきたおカネを返済していることを意味しています。

財務活動では借入金に関することが多いと思います。借入金による収入の場合は、おカネの増加、借入金の返済では減少として計上されます。

また、借入以外でも、社債による資金調達や返済、増資によっておカネを得た場合も、この財務活動によるキャッシュ・フローに計上されることになります。

図では、借入金返済による支出100万円となっています。このパン屋は、借入金返済を100万円しており、財務活動で100万円おカネを使ったことになります。

6-1 財務活動によるキャッシュ・フロー

営業活動によるキャッシュ・フロー	
税引前当期純利益	346,000
減価償却費	400,000
受取利息・配当金	△ 100,000
支払利息	600,000
特別損失	1,000,000
特別利益	△ 350,000
売上債権増減	△ 500,000
棚卸資産増減	400,000
仕入債務増減	△ 500,000
その他	464,000
小計	1,760,000
利息及び配当金受取額	90,000
利息の支払額	△ 580,000
法人税等の支払	△ 70,000
営業活動によるキャッシュ・フロー	1,200,000
投資活動によるキャッシュ・フロー	
有形固定資産の取得による支出	△ 1,500,000
有形固定資産の売却による収入	1,300,000
投資有価証券の売却による収入	500,000
投資活動によるキャッシュ・フロー	300,000
財務活動によるキャッシュ・フロー	
長期借入金返済による支出	△ 1,000,000
財務活動によるキャッシュ・フロー	△ 1,000,000
現金及び現金同等物の増減額	500,000
現金及び現金同等物の期首残高	3,500,000
現金及び現金同等物の期末残高	4,000,000

←ココ

第5章
財務3表のつながりから見えてくること

01 財務3表は関連しあう

2章から4章で決算書で重要な財務3表の「損益計算書」「貸借対照表」「キャッシュ・フロー計算書」をそれぞれ説明してきました。それぞれの説明でも触れましたが、これらはそれぞれ関連しあっています。

決算書を読んで会社を理解するためには、それぞれの決算書だけを理解しても十分ではありません。各決算書がどのように関係しているかを理解して読むことで、より会社への理解が深まることになります。この章では、会社の財務3表がどのように関連しあっているかを説明します。

損益計算書と貸借対照表

損益計算書と貸借対照表の関連から説明します。

貸借対照表があらわすのは、期末時点の財政状況であり、会社の自己資本である純資産の状況がわかります。そして、この純資産にある利益剰余金がどのように生まれたのかを示してくれるのが、損益計算書です。もう少しわかりやすく言うと、貸借対照表の「利益剰余金」がどのように増えたか、減ったかを詳しく説明するものが損益計算書とも言えるのです。

このことを、図を見ながら具体的に説明していきましょう。

左下と右下の図は貸借対照表から純資産の部分を取り出しています。貸借対照表のどこの部分か覚えていますか？ 右下の部分です。そこを抜き出しています。

1-1　損益計算書と貸借対照表

（損益計算書）

売上高	48,000,000
売上原価	28,800,000
売上総利益	19,200,000
販売費及び一般管理費	17,704,000
営業利益	1,496,000
営業外収入	100,000
営業外費用	600,000
経常利益	996,000
特別利益	350,000
特別損失	1,000,000
税引前当期純利益	346,000
法人税等	69,200
当期純利益	276,800

（前期末の貸借対照表の一部）

（純資産の部）	
資本金	10,000,000
資本剰余金	10,000,000
利益剰余金	723,200
純資産合計	20,723,200

増加
276800

（当期末の貸借対照表の一部）

（純資産の部）	
資本金	10,000,000
資本剰余金	10,000,000
利益剰余金	1,000,000
純資産合計	21,000,000

これまでも例として使っているパン屋の損益計算書と前期末と当期末の2期分の貸借対照表の純資産部分です。前期末の「利益剰余金」は72万3200円に対して、この「利益剰余金」に当期純利益27万6800円が加わり期末の「利益剰余金」は100万円となっていることがわかると思います。

利益剰余金というのはこれまで企業が積み立ててきた利益のことです。前期（あるいは期首）の利益剰余金に、当期で新たに稼いだ利益、すなわち「当期純利益」が加えられて、当期の利益剰余金になるのです（しかし、実際にはこの利益のなかから会社が配当などをするので、その分一致しないこともあります）。

損益計算書とキャッシュ・フロー計算書

キャッシュ・フロー計算書と損益計算書の関係を説明します。「キャッシュ・フロー計算書」は損益計算書の「税引前当期純利益」から、利益とおカネの動きとリンクしていない収益、費用を調整して、おカネの増減と利益がどのように関係しているかをあらわしています。

つまり、利益の額がおカネの増減にどのような影響を与えているかをあらわしているのが、キャッシュ・フロー計算書と考えることができます。

右図では損益計算書の「税引前当期純利益」34万6千円がキャッシュ・フロー計算書の一段目の「税引前当期利益」34万6千円と一致していることがわかります。

また、利益として最終的に27万6800円稼いでいますが、おカネをどれだけ増やしたのかを見ると、50万円ということがわかります。詳しく見ると、利益を生み出す営業活動は120万円稼いで、投資活動でも30万円稼いでいるのですが、財務活動では100万円使ってい

1-2　損益計算書とキャッシュ・フロー計算書

（損益計算書）

売上高	48,000,000
売上原価	28,800,000
売上総利益	19,200,000
販売費及び一般管理費	17,704,000
営業利益	1,496,000
営業外収入	100,000
営業外費用	600,000
経常利益	996,000
特別利益	350,000
特別損失	1,000,000
税引前当期純利益	346,000
法人税等	69,200
当期純利益	276,800

一致

（キャッシュ・フロー計算書）

営業活動によるキャッシュ・フロー	
税引前当期利益	346,000
減価償却費	400,000
受取利息・配当金	△ 100,000
支払利息	600,000
特別損失	1,000,000
特別利益	△ 350,000
売上債権増減	△ 500,000
棚卸資産増減	400,000
仕入債務増減	△ 500,000
その他	464,000
小計	1,760,000
利息及び配当金受取額	90,000
利息の支払額	△ 580,000
法人税等の支払	△ 70,000
営業活動によるキャッシュ・フロー	1,200,000
投資活動によるキャッシュ・フロー	
有形固定資産の取得による支出	△ 1,500,000
有形固定資産の売却による収入	1,300,000
投資有価証券の売却による収入	500,000
投資活動によるキャッシュ・フロー	300,000
財務活動によるキャッシュ・フロー	
長期借入金返済による支出	△ 1,000,000
財務活動によるキャッシュ・フロー	△ 1,000,000
現金及び現金同等物の増減額	500,000
現金及び現金同等物の期首残高	3,500,000
現金及び現金同等物の期末残高	4,000,000

ることがわかります。

貸借対照表とキャッシュ・フロー計算書

キャッシュ・フロー計算書の「現金及び現金同等物の期末残高」の金額は、貸借対照表の「現金及び現金同等物」と一致しています。実際は、貸借対照表には「現金及び現金同等物」という科目はなく、貸借対照表の現金預金や有価証券のうち、投資有価証券や満期が3ヶ月を超える長期定期預金は除かれた金額になります。

そして、「現金及び現金同等物の期首残高」の金額は、前期末の貸借対照表の「現金及び現金同等物」と一致することになります。

この貸借対照表の「現金及び現金同等物」の前期末から当期末までの動きを説明してくれるのが「キャッシュ・フロー計算書」です。

右図ではキャッシュ・フロー計算書の「現金及び現金同等物」の期首残高350万円が貸借対照表の前期末の「現金預金」と一致し、キャッシュ・フロー計算書の「現金及び現金同等物」の期末残高400万円が貸借対照表の当期末の「現金預金」と一致していることがわかります。

ここで、もう少し貸借対照表とキャッシュ・フロー計算書とのつながりを見ていきます。

キャッシュ・フロー計算書は貸借対照表の前期末と当期末の増減金額から基本的に作成されています。

貸借対照表の科目のうち、投資活動にかかる科目の増減額を説明しているのが「投資活動によるキャッシュ・フロー」になり、財務活動にかかる科目の増減額を説明しているのが「財務活動によるキャッシュ・フロー」になります。

先ほどの図では、投資活動の結果は貸借対照表の「建物」から「その他投資その他の資産」の金額であらわされていますが、その結果

1-3　貸借対照表とキャッシュ・フロー計算書

科目	前期末	当期末
現金預金	3,500,000	4,000,000
売掛金	1,500,000	2,000,000
棚卸資産	2,800,000	2,400,000
その他流動資産	262,200	100,000
建物	15,300,000	15,000,000
土地	5,000,000	5,000,000
その他有形固定資産	2,000,000	2,500,000
ソフトウェア	550,000	500,000
その他無形固定資産	200,000	200,000
投資有価証券	2,000,000	500,000
その他投資その他の資産	10,000	10,000
繰延資産	1,000	1,000
資産合計	33,123,200	32,211,000
買掛金	3,500,000	3,000,000
短期借入金	500,000	500,000
その他	100,000	300,000
長期借入金	8,000,000	7,000,000
その他	300,000	411,000
資本金	10,000,000	10,000,000
資本剰余金	10,000,000	10,000,000
利益剰余金	723,200	1,000,000
負債・純資産合計	33,123,200	32,211,000

項目	金額
営業活動によるキャッシュ・フロー	
税引前当期利益	346,000
減価償却費	400,000
受取利息・配当金	△ 100,000
支払利息	600,000
特別損失	1,000,000
特別利益	△ 350,000
売上債権増減	△ 500,000
棚卸資産増減	400,000
仕入債務増減	△ 500,000
その他	464,000
小計	1,760,000
利息及び配当金受取額	90,000
利息の支払額	△ 580,000
法人税等の支払	△ 70,000
営業活動によるキャッシュ・フロー	1,200,000
投資活動によるキャッシュ・フロー	
有形固定資産の取得による支出	△ 1,500,000
有形固定資産の売却による収入	1,300,000
投資有価証券の売却による収入	500,000
投資活動によるキャッシュ・フロー	300,000
財務活動によるキャッシュ・フロー	
長期借入金返済による支出	△ 1,000,000
財務活動によるキャッシュ・フロー	△ 1,000,000
現金及び現金同等物の増減額	500,000
現金及び現金同等物の期首残高	3,500,000
現金及び現金同等物の期末残高	4,000,000

一致

に至る活動の動きを説明しているのが「投資活動によるキャッシュ・フロー」になります。

また、財務活動の結果は貸借対照表の「短期借入金」、「長期借入金」、「資本金」、「資本剰余金」の金額にあらわれていますが、その結果に至るまでの活動の動きを説明しているのが「財務活動によるキャッシュ・フロー」になっているのです。

貸借対照表は会社の営業活動、投資活動、財務活動の結果が集約されている決算書でもあります。これらの各種活動のうち売上や費用といった損益に関わるものは、損益計算書で表現されています。ただ、会社の活動は必ずしも損益にかかわるものだけではありません。損益を伴わない借入金の調達返済といった財務活動もありますが、損益計算書ではわかりません。貸借対照表では投資、財務活動の結果はわかるのですが、活動の動きは十分にわかりません。そこで、キャッシュ・フロー計算書を見て、投資活動によるキャッシュ・フロー、財務活動によるキャッシュ・フローの区分を見ることで動きを理解することができるのです。

02 会社を設立すると財務３表はこう動く

３表の関連性の理解をより深めるために、会社を設立してから1年目の動きを簡単な決算書を見ながら説明していきます。

2-1 会社設立時の決算書

0期

現金預金	100	借入金	40
		資本金	60

上の図は会社の設立時の決算書です。この会社は自己資金で60、借入40で現金預金100を調達していることがわかります。

そして、この会社が調達してきた現金預金を使って会社活動をした結果が、次ページに1期目の決算書としてあらわれています。

0期の貸借対照表と1期目の貸借対照表、損益計算書、キャッシュ・フロー計算書と比較して、各書類のつながりを考えながら見ていきます。

1期目の貸借対照表の利益剰余金は90となっています。設立時より剰余金が90増えたことになりますが、この利益剰余金の0期からの増加額を説明してくれるのが損益計算書です。損益計算書を見ると当期純利益90と一致しています。どのような損益活動で、利益を

2-2 財務 3 表のつながり

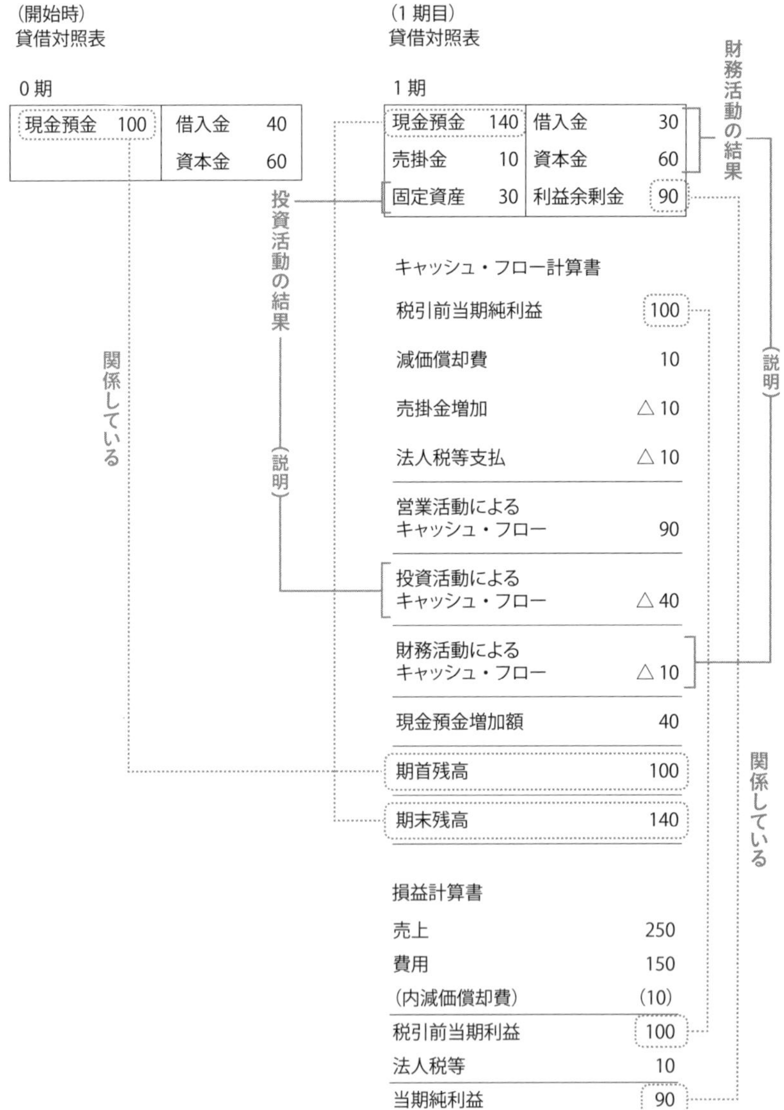

稼いだかを見ると売上250をあげて、費用を150使い、税金を10払った結果、当期純利益90を稼いでいることがわかります。

会社の活動は損益に関係する活動だけではありません。1期目の貸借対照表を見てみると、投資活動の結果として固定資産が30あります。この投資した固定資産を使って会社活動をしていることがわかります。この固定資産30は投資活動をして会社活動で利用した結果になりますが、実際の投資はどれくらいしたかを見るにはキャッシュ・フロー計算書の投資活動によるキャッシュ・フローを見てみます。すると、投資活動では40投資していることがわかります。投資が40で、貸借対照表では30になっていることから、投資より10減少しているのは減価償却費で費用化されていることが予想されます。実際、損益計算書を見ると減価償却費が10計上されています。

貸借対照表を見ると借入金は30、資本金60になっています。会社設立時と比較すると借入金が10減少しています。この財務活動の内容がどのようなものかを見るために、キャッシュ・フロー計算書をみます。キャッシュ・フロー計算書を見ると財務活動によるキャッシュ・フローは△10であることから、借入を10返済していることがわかります。

ここであらためて、現金預金の動きを見てみましょう。1期目の貸借対照表を見ると現金預金は設立時の100から40増えて140になっています。この現金預金の動きを見るのがキャッシュ・フロー計算書です。営業活動で90稼いで、投資活動で40、財務活動で10使った結果、現預金が40増えていることがわかります。

また、損益計算書で90利益を稼いでいるが、現金預金の増加にどのように貢献しているかをキャッシュ・フロー計算書では見ることができますよね。

損益計算書の税引前当期純利益は100が、キャッシュ・フロー計算書の税引前当期純利益100と一致することになり、この利益から始まって、減価償却費10と売掛金の調整がされて、法人税を支払った結果、営業活動ではキャッシュ・フローを当期純利益と同じく90稼いでいることがわかります。そして、この営業活動以外の投資活動、財務活動でおカネを使った結果、現金預金は40となっています。

財務3表の関係はざっとこんな感じです。それぞれ財務3表は関連しあっています。会社がどれだけ利益をあげているか、そしてどのような収益と費用であげているのかを見るのは損益計算書です。そして、その稼いだ利益は貸借対照表の利益剰余金の増加にあらわれてきます。ただ、会社の活動には損益に関係する活動である投資活動や財務活動もあります。その活動の結果は貸借対照表から読み取れますが、その活動内容をより理解しようとするときにキャッシュ・フロー計算書が利用できるのです。また、利益とおカネの関係を示してくれるのがキャッシュ・フロー計算書でもあるのです。

このように、それぞれの決算書を単独で理解するだけでなく、関連を理解しながら決算書を理解することで、より会社の状況を読み取れることを理解していただきたいと思います。

第6章 収益性と安全性の分析方法

01 はじめての決算書の読み方

今までは、決算書を理解するための基礎的な話を説明してきました。あとはこの知識を使って決算書の理解をすすめていくことになります。

決算書を学び始めた人からよく「決算書の用語や、分析方法については勉強したけど、結局決算書をどう使っていいのかわからない」と言われます。

用語や分析手法を知っても、具体的にどのように利用していくかがわからないと決算書は読めません。

この章では、決算書を学び始めた人がいよいよ実際に決算書を読む方法をお話します。

決算書の学び初めの頃は、この読み方を繰り返し練習していただければと思います。

とはいえ、これは決して初心者だけの方法ではありません。この本で紹介している分析方法は、実際に私がいつも決算書を入手した段階で、会社の状況をざっくりと判断するのに使っています。そこから先は、この方法の延長線上です。いくつか別の分析手法を使ったり、より細かく他社の決算書と比較したり、過年度の決算書と比較してより会社の状況を詳細に理解するというだけです。

一般社員の人であれば、十分に使える考え方だと思います。

まずは目的を定めよう

決算書を理解しようとするときに大事なのは、「会社の何を理解したいか」という目的を明確にすることです。目的もないまま決算書を理解しようとしても、「読む」ではなく、「眺める」だけで終わってしまいます。

決算書をなんのために読むのかというのは、当然人によって違いますが、例えば一般的な会社員であれば、「競合を調査するため」「株式投資に役立てるため」「取引先の財務状況を理解するため」といった目的が挙げられるでしょう。

しかし、どんな目的であれ、企業を分析する基本となる視点は2つです。1つは会社の「収益性」。そして、もう1つは会社の「安全性」です。

「収益性」とは、この会社は儲かっているかどうか、儲かっているならどの程度儲かっているのか。

「安全性」とは、この会社は潰れないかどうか、潰れないならどの程度安全かということです。

この2つの視点さえ押さえておけば、その会社についての理解をすることができます。最初はこの「収益性」と「安全性」を理解することを目的に決算書を読むことをおすすめします。

02 会社の収益性を見る

収益性というのは、会社が儲かっているかどうかを見ることです。会社は儲からないと成長もできませんし、そもそも生き残れません。会社は儲かってこそ、発展し生き残るのです。会社が儲かっているかどうか、そして、どの程度儲かっているのかを見るのが、収益性を理解することです。

収益性を見るときの流れ

さて、実際に「収益性」を見るための方法を具体的に紹介していきますが、その前に分析の全体像を掴んでおきましょう。

決算書を読み進めるときには、おおまかな流れがあります。一見「難しそうだ」と驚かれるかもしれません。しかし、個々の分析の方法はこれまでに出てきた用語や数字を比較するだけの簡単なものです。ですから、ここではとりあえず「決算書を読むにはこんな流れがあるんだな」ということだけを把握してください。それぞれの方法は次項以降で詳しく説明します。

①損益計算書の各利益があるかどうかを見る

とくに経常利益、営業利益があるかを見ます。次に、利益の発生原因を見ます。そして、上にある利益と逆になった場合（例えば、経常損失であるのに税引前当期純利益がある場合など）、その原因項目を確認します。

②損益計算書の各利益率を見る

各利益を売上高で割った利益率を見ます。そして、利益率と他の比較するための比率と比較して収益力を見ていきます。金額では見えなかったことが利益率から見えてきます。

③おカネを稼ぐ力を見る

キャッシュ・フロー計算書があれば「営業活動によるキャッシュ・フロー」があるかどうか、キャッシュ・フロー計算書がなければ簡易的に「営業利益」+「減価償却費」で考えます。

④ ROAを見る

会社の収益力を見る一番大切な指標です。収益力を見る上で見落していけません。

03 赤字が出ていないか確認する

5つの利益をチェックする

見るべきポイント
損益計算書の５つの利益から、会社の状況をおおまかに把握します。赤字であったり異変があったりする項目があれば、その理由を深掘りします。

まずは2つの視点のうちのひとつ、会社の収益性を調べる方法を、いつものパン屋の決算書をつかって順に説明していきましょう。

会社を実際に分析するためには数期間の決算書があったほうがいいのですが、１期分の決算書だけを使って、会社の「収益性」を理解する方法を説明していきます。

次のページの決算書を見ながら読んでください。

会社の「収益性」を理解するためには、まず、損益計算書の各区分利益を見ていきます。

まず注目するのは、売上総利益、営業利益、経常利益、税引前当期純利益、当期純利益がプラスになっているのか、それともマイナスになってしまっているかです。

この利益の額がはたして多いのか少ないのかということを判断するには、対象会社や業界のことをかなり理解していないとわかりませんし、１期分の損益計算書では難しいでしょう。

ですから、最初の段階では各利益が出ているのか、それともマイナスになって損失になっていないかどうかという程度でおいておき

3-1　損益計算書

売上高	48,000,000
売上原価	28,800,000
売上総利益	19,200,000
販売費及び一般管理費	17,704,000
営業利益	1,496,000
営業外収入	100,000
営業外費用	600,000
経常利益	996,000
特別利益	350,000
特別損失	1,000,000
税引前当期純利益	346,000
法人税等	69,200
当期純利益	276,800

3-2 貸借対照表

（資産の部）		（負債の部）	
流動資産		流動負債	
現金預金	4,000,000	買掛金	3,000,000
売掛金	2,000,000	短期借入金	500,000
棚卸資産	2,400,000	その他	300,000
その他	100,000	流動負債計	3,800,000
流動資産計	8,500,000	固定負債	
固定資産		長期借入金	7,000,000
（有形固定資産）		その他	411,000
建物	15,000,000	固定負債計	7,411,000
土地	5,000,000	負債合計	11,211,000
その他	2,500,000	（純資産の部）	
有形固定資産計	22,500,000	資本金	10,000,000
（無形固定資産）			
ソフトウェア	500,000		
その他	200,000	資本剰余金	10,000,000
無形固定資産計	700,000		
（投資その他の資産）			
投資有価証券	500,000	利益剰余金	1,000,000
その他	10,000		
投資その他の資産計	510,000		
固定資産合計	23,710,000		
繰延資産	1,000	純資産合計	21,000,000
資産合計	32,211,000	負債・純資産合計	32,211,000

3-3　キャッシュ・フロー計算書

営業活動によるキャッシュ・フロー	
税引前当期純利益	346,000
減価償却費	400,000
受取利息・配当金	△ 100,000
支払利息	600,000
特別損失	1,000,000
特別利益	△ 350,000
売上債権増減	△ 500,000
棚卸資産増減	400,000
仕入債務増減	△ 500,000
その他	464,000
小計	1,760,000
利息及び配当金受取額	90,000
利息の支払額	△ 580,000
法人税等の支払	△ 70,000
営業活動によるキャッシュ・フロー	1,200,000
投資活動によるキャッシュ・フロー	
有形固定資産の取得による支出	△ 1,500,000
有形固定資産の売却による収入	1,300,000
投資有価証券の売却による収入	500,000
投資活動によるキャッシュ・フロー	300,000
財務活動によるキャッシュ・フロー	
長期借入金返済による支出	△ 1,000,000
財務活動によるキャッシュ・フロー	△ 1,000,000
現金及び現金同等物の増減額	500,000
現金及び現金同等物の期首残高	3,500,000
現金及び現金同等物の期末残高	4,000,000

ます。

各区分利益が利益か損失かで収益をどのように考えるかを説明していきます。2章で説明している話とかぶる部分もありますが、復習がてら再度説明します。

売上総利益

売上総利益が赤字の会社は見た記憶はあまりありませんが、もし、ここが赤字であればその会社の販売している商品等は稼ぐ力はなく、収益力は著しく低いと考えます。

営業利益

売上総利益から、販売するための支出や管理費を差し引いた利益です。営業利益は会社の本業で稼ぐ力をあらわしているので、ここが赤字であれば会社が営業している事業そのものが儲かっていないことがわかります。

経常利益

営業利益に、営業外収入（預金利息など）や営業外費用（借入利息など）を足し引きした利益です。経常利益は会社が正常な状態でどれだけ稼げるかをあらわしています。この部分の利益がなければ、正常な状態で会社を運営しても利益が稼げないと判断します。

営業利益が赤字であっても、経常利益が黒字の場合もありますが、その場合は営業外収入がどのような収入であるかを確認します。逆に、営業利益が黒字でありながら、経常利益が赤字になってしまっている場合は、営業外費用がどのような費用であるか確認します。

営業利益と経常利益があるかどうかが、会社の収益力があるかどうかを見る１つの目安です。この営業利益、経常利益が損失であれば、会社の収益力は低いと判断する可能性が高いです。

税引前当期純利益、当期純利益

税引前当期純利益、当期純利益です。ここがプラスであることはもちろん大切ですが、それよりもむしろ、特別利益、特別損失に注意します。経常利益が黒字でありながら、税引前当期純利益、当期純利益が赤字であれば、会社が正常な状態では利益を稼ぐ能力があるものの、今期は特別な減益要因があったことから、会社の経営成績にどのような要因が影響を与えたのだろうかと見ていきます。

一方、経常利益は赤字の経常損失でありながら、税引前当期純利益、当期純利益が黒字であった場合は、特別な益出しする要因があったのだなと考え、最終的な利益はあるものの、会社としては、収益力は高くないかもしれないと考えます。

例にある決算書を見てみますと、各区分利益がマイナスでなくプラスとなっていることから、この会社の収益力が高いか低いかまでは判断はできないが、少なくとも利益を稼ぐ力はあると考えます。

04 規模に対する収益力を知る
売上高比率

見るべきポイント
売上高に対してどれくらいの利益が出ているかを調べることで、収益力がわかります。「営業利益率」「経常利益率」を使うのが一般的です。

例えば、次のような会社A・Bがあったとします。

会社A：売上高が1000億円で、営業利益が1億円

会社B：売上高が1億円で、営業利益が1000万円

このAとBのうち、どちらの収益力が高いでしょうか？

利益だけを見れば、Aの方がBよりも10倍も多く稼いでいます。しかし、収益力があると判断するのはまだ早計です。

売上高に対しての営業利益の比率を見ると、次のとおりです。

会社A：1億円÷1000億円＝0.1%

会社B：1000万円÷1億円＝10%

会社の規模に対する収益力は、断然Bの方が高いことになります。

利益というのは金額です。金額だけでも収益を稼げているか稼げていないのかはわかるのですが、それがどの程度多い（あるいは少ない）ものなのかは判断が難しいのです。そのため、各比率も確認して、収益力が高いのか低いのかを判断します。

そこで利用する指標が、売上に対する各利益の比率（＝「売上総利益率」「営業利益率」「経常利益率」「税引前当期純利益率」「当期純利益率」）を利用します。

各比率は各利益金額÷売上高で算定します。

もし、同業種の平均の各比率を知っているのであれば、その比率と比較して高いか低いかで、同業種では比較的高い収益力を持っているのかと判断できます。また、決算書が数期分あれば、比率の傾向を見ることで収益力が高くなっているか、低くなっているか把握できます。

ただ、同業種の比率を把握していることは少ないでしょうし、1期分しか決算書が見れないこともあるでしょう。

そういうときの収益力を判断する1つの目安としては、営業利益率、経常利益率で、

- 1％未満であれば収益力は低い
- 1～5％前後であれば平均的な収益力
- 5％前後～10％であれば収益力は平均より高め
- 10％を超えたら収益力は高い

と判断します。

右図は例のパン屋の各利益率です。

営業利益率、経常利益率はそれぞれ、3.1％と2.1％であり、目安から考えて平均的な収益力であるのかなと最初の段階では判断します。

ただ、もし同業他社の平均の営業利益率、経常利益率が5％前後であれば、低いと判断することもあります。

4-1　パン屋の各利益率

$$売上総利益率 = \frac{売上総利益}{売上高} = \frac{19{,}200{,}000}{48{,}000{,}000} \times 100 = 40.0\%$$

$$営業利益率 = \frac{営業利益}{売上高} = \frac{1{,}496{,}000}{48{,}000{,}000} \times 100 = 3.1\%$$

$$経常利益率 = \frac{経常利益}{売上高} = \frac{996{,}000}{48{,}000{,}000} \times 100 = 2.1\%$$

$$税引前当期純利益率 = \frac{税引前当期純利益}{売上高} = \frac{346{,}000}{48{,}000{,}000} \times 100 = 0.7\%$$

$$当期純利益率 = \frac{当期純利益}{売上高} = \frac{276{,}800}{48{,}000{,}000} \times 100 = 0.6\%$$

05 おカネを稼ぐ力を確かめる
営業活動によるCF

見るべきポイント
営業活動によるキャッシュ・フローを見ることで、事業でおカネを稼ぐ力がわかります。

ャッシュ・フロー計算書があるのであれば、会社のおカネを稼ぐ力を見ます。

キャッシュ・フロー計算書のどこを見るかといえば、「営業活動によるキャッシュ・フロー」です。「営業活動によるキャッシュ・フロー」はその会社、事業でどれだけおカネを稼いだかをあらわします。

例のパン屋を見ると、「営業活動によるキャッシュ・フロー」は120万円です。マイナスではないので、おカネを稼ぐ力はあるのだと判断します。もし、この金額がマイナスであれば、稼ぐ力がないと判断します。

しかし、この金額が高いか低いかということについては、「営業活動によるキャッシュ・フロー」だけでは判断できません。これを判断するには「投資活動によるキャッシュ・フロー」「財務活動によるキャッシュ・フロー」の金額と比較します。

「投資活動によるキャッシュ・フロー」と「財務活動によるキャッシュ・フロー」がともにマイナスで、そのマイナス金額を合算した金額より「営業活動によるキャッシュ・フロー」が多ければ、おカネを稼ぐ力が高い傾向にあると考えます。

また、「財務活動によるキャッシュ・フロー」がマイナスの場合、営業活動によるキャッシュ・フローが、そのマイナスの金額を上回っているかがおカネを稼ぐ力があるかどうかの1つの目安になります。なぜなら、「財務活動によるキャッシュ・フロー」がマイナスの場合、借入などを返済していますが、返済額を上回る以上のおカネを営業活動によって稼いでいかないと会社はいずれ破綻してしまうからです。

例の決算書では、「営業活動によるキャッシュ・フロー」は120万円です。「財務活動によるキャッシュ・フロー」の△100万円より多いことから、一定以上のおカネを稼ぐ能力はあると考えます。

キャッシュ・フロー計算書がない会社

以上はキャッシュ・フロー計算書がある場合です。ただ、キャッシュ・フロー計算書というのは、上場会社以外では作成していません。そこで、簡便的ですがおカネを稼ぐ力を見る方法としては、「営業利益」+「減価償却費」を計算してみます。減価償却費は費用ですが、おカネを支出していない費用ですから、おカネを支出していない費用を営業利益に足して、営業利益を使って簡便的におカネを稼ぐ力を見ようとするわけです。図の場合だと次のとおりです。

「営業利益」+「減価償却費」= 1,496,000 + 400,000
　　　　　　　　　　　　　= 1,896,000

06 効率よく投資しているかを見る ROA（総資産利益率）

見るべきポイント
資産の効率的な運用力を考えた、 総合的な収益力がわかります。

ROAとは「総資産利益率」のことです。
「ROA」は次の式で算定されます。

「ROA」＝「利益」÷「総資産」

この「ROA」が意味するところは、「会社が保有する資産を使ってどれだけ利益をあげることができたのか」です。

会社は、調達してきたおカネで資産を購入して、その資産を利用しておカネを稼ぎます。

会社の収益力を見るには投資した資産でどれだけおカネを稼いだかを見ることが大切なのです。

収益力の指標としては先ほど説明した損益計算書から算定される利益率が一般的です。しかし、利益率だと、収益をあげるためにどれだけの資産を使っているのかという点が考慮されていません。本当の会社の収益力を見るなら、このROAです。

ROAを算定する際に使う「利益」は、損益計算書の「経常利益」を利用することもあれば、「当期純利益」を利用することもあります。正常な状態での収益力を見るのであれば「経常利益」を利用することになるでしょう。

総資産は貸借対照表の「資産合計」の金額を利用します。

例を使いながら、説明していきます。

下の図のA社とB社の利益率はともに20%です。損益計算書の利益率だけ見ると利益を稼ぐ力は同じであると考えるかもしれません。または、利益率が同じだけど、利益はA社の30と比較してB社は60なのだから、B社のほうが収益力があると考えるかもしれません。

確かに、損益計算書だけで判断するとそのように考えるかもしれません。

ただ、本当の収益力を判断するには調達してきたおカネを使って、どれだけをおカネを得たかで考えるべきです。

その視点で見るとどうでしょうか。A社は300の資産を使って、利益30を稼いでいるのに対して、B社は60の利益を稼ぐのに1000の総資産を使っています。

「ROA」で見るとA社は10%とB社は6%となっています。収益力はどちらが高いかと言えば、A社のほうが高いということになります。

6-1　利益率が同じでも、収益力が違う

	A社	B社
売上高	150	300
利益	30	60
利益率	30/150 × 100 ＝ 20%	60/300 × 100 ＝ 20%
総資産	300	1000
ROA	30/300 × 100 ＝ 10%	60/1000 × 100 ＝ 6%

ここは大切です。収益力を見るときに損益計算書を見て終わることが多いようですが、このROAこそが会社の収益力をしめす指標と私は考えます。

p115のパン屋のROAは次のとおりです。

$$\frac{\text{経常利益}}{\text{総資産}} = \frac{996{,}000}{32{,}211{,}000} \times 100 = 3.09\%$$

$$\frac{\text{当期純利益}}{\text{総資産}} = \frac{276{,}800}{32{,}211{,}000} \times 100 = 0.85\%$$

どうでしょうか？ 利益が当期純利益の場合は0.85％というという数値です。高いとは言えないと考えます。

例えば、10年ものの長期国債とほぼ同じ利回りです。リスクをとって会社経営している利回りが、会社経営よりはリスクが低いと考えられる国債投資の利回りと同じでは低いと考えてしまいます。利益が経常利益だと3.09％ですが、こちらもあまり高いとは言えません。自分が会社に投資したおカネで収益を稼いでもらおうとすれば、利回りが3％だともう少し収益力が高いほうがいいと考えます。

ROAの見方のあくまで目安ですが、次のように考えます。

- １％未満であれば収益力は低い
- 3～5％であれば通常の収益力
- 10％を超えるのであれば収益力は高い

07 会社の安全性を見る

安全性というのは会社が潰れないかどうかを見ることです。取引先であれ投資先であれ、あるいは勤務先であれ会社が潰れてしまうとタダではすみません。どんなに収益力が高くても、会社が潰れてしまえばおしまいです。

ですから、安全性がどうかということを決算書から読んでいくことは、仕事や投資、大きな視点で見れば人生においての大きな失敗を避けるために、とても重要なことです。

収益性と同じく、p115のパン屋の決算書を使って見ていくことにします。

安全性を見るときの流れ

収益性を分析したときと同じく、安全性を分析するときも最低限チェックしておきたいいくつかの方法と、その流れがあります。

以下に簡単に紹介するので、まずは流れだけを把握しておいてください。

①純資産金額

まず、純資産金額がプラスかマイナスかです。

②自己資本比率

純資産がプラスであれば、次はこの比率です。この比率が高ければ高いほど安全性は高いと考えます。

③借入金返済期間

稼ぎ出す利益と借入金の比較です。借入金と利益で割った数値が大きいほど安全性は低い傾向にあると考えます。

④現金預金の額

多いほど安全性が高いです。月商や負債金額と比較してみます。

⑤流動資産と負債の比較

流動資産の額と流動負債などの負債を比較します。負債と比較して、流動資産が多いほど安全性は高い傾向にあります。

⑥回転期間、固定資産の調達先

安全性が低い場合に、その安全性が低い原因を見るときに利用します。

08 財政の基盤を確かめる 純資産と自己資本比率

安全性を見るときに使う決算書は貸借対照表です。そのなかでも真っ先に見るのが純資産と自己資本比率です。

> **見るべきポイント**
> **安全な資金源である純資産（自己資本）が、どれだけあるのか調べます。割合が低い場合は、負債への依存度が高く危険な状態だとわかります。**

次の図を覚えていますか、左側がどのようにおカネを集めてきたかをあらわしています。

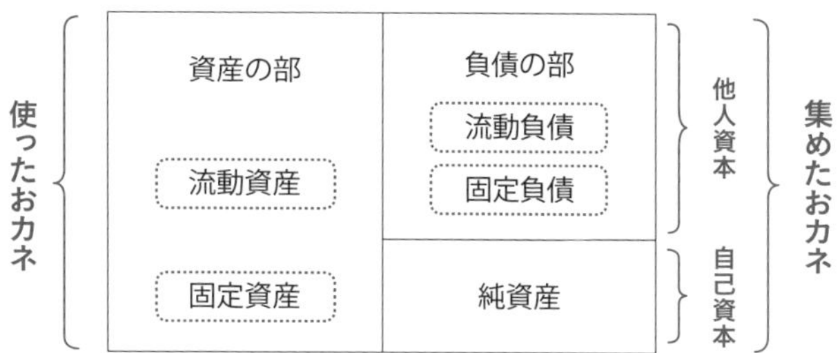

ここで、会社が潰れるということを考えてみましょう。

会社が潰れるというのは、他人から調達してきたおカネが返せなくなってしまう状態です。

そのように考えると、調達してきた資金のうち、他人から調達している資金が少なければ少ないほど、逆に言えばみずから調達した自己資本が多ければ多いほど、会社は潰れにくいと考えられます。そこで、その潰れにくさをあらわす指標が自己資本比率です。調達してきた資本合計である負債純資産の合計のうち、どれだけ自己資本である純資産がしめているかをあらわす指標です。

安全性を見るには、最初に純資産がプラスかマイナスかを確認し、そして、次に、自己資本比率を見ていきます。

$$自己資本比率 = \frac{純資産}{資産合計\ (\mathrm{or}\ 負債・純資産合計額)} \times 100$$

例のパン屋では次のとおりです。

$$\frac{純資産}{資産合計} = \frac{21{,}000{,}000}{32{,}211{,}000} = 65.1\%$$

自己資本比率は65.1%です。50%を超えていたら安全性は高い傾向にあると考えます。経験上、中小企業の決算書でよく見かけるのは20%ですが、20%前後を下回るのであれば、低いと考えます。

そして自己資本比率がマイナス、つまり純資産の金額がマイナスであれば、その会社は実質的に破綻していると考えます。

純資産がマイナスということは、資産金額が負債金額を下回っているということです。つまり、資産を仮に全額おカネに変えたとしても、負債を返せない状態です。そのような状態でも会社が倒産していないのは、借入先等が返済を猶予しているからに過ぎず、実質的には破綻していると考えます。

09 借金を返済する力を見る

借金を返済する力を見る

見るべきポイント
借入金を返せなくなると倒産してしまいます。会社が事業で稼ぐおカネと比較して、借入金の大きさが適切か検証します。

会社が潰れてしまう一番の理由は借入金が返せなくなってしまうことです。この借入金がどれくらいの金額であるかが安全性を考える上で重要になります。

しかし、借入の金額が多いからといって、会社の安全性ですぐに問題になるということはありません。安全性を考える視点では、会社の稼ぎと比較して借入金額がどれくらいかで判断していくことになります。

そこで使う指標は、会社が持つ借入金を「営業活動によるキャッシュ・フロー」でどれくらいの期間で返済できるかで確認する方法です。

個人で考えてみると、いわば給与から生活費を引いたのこりの金額と住宅ローンを比較するようなものです。

例のパン屋で見ていきますと、借入金は営業によるキャッシュ・フローで6年ほどで返済できるということになります。会社で考えるとやや借入金が多いと考えます。

$$\frac{\text{借入金}}{\text{営業活動によるキャッシュフロー}} = \frac{\underset{\text{(短期借入金)}}{500{,}000} + \underset{\text{(長期借入金)}}{7{,}000{,}000}}{1{,}200{,}000} = 6.3$$

目安としては、次のように考えます。

- 3年以下…安全上問題ない
- 5年以上…問題はないが、やや借入金は多い
- 10年以上…稼ぎと比較すると過大で、安全上問題がある

中小企業では5年を超えても当たり前、10年以上はざらであると言われますが、逆にそうだからこそ、安全性に問題があり、ちょっとしたきっかけで会社が潰れてしまうことになります。

キャッシュ・フロー計算書がない時は、簡易的に「営業利益」に「減価償却費」を加算した金額を簡易の営業キャッシュ・フローとして算定します。

例にある会社で見ていきますと次のとおりになります。

$$\frac{\text{借入金}}{\text{営業利益}+\text{減価償却費}} = \frac{\underset{\text{(短期借入金)}}{500{,}000} + \underset{\text{(長期借入金)}}{7{,}000{,}000}}{\underset{\text{(営業利益)}}{1{,}496{,}000} + \underset{\text{(減価償却費)}}{400{,}000}} = 4.0$$

10 トラブルを耐え抜く力を探る

現金預金を見る

見るべきポイント

すぐに動かせるキャッシュをどれだけ持っているかを調べて、突然の大きな支出や借入金の返済に耐えられる会社かどうかを判断します。

おカネが多ければ、借入金の返済や突発的な支出に備えておくことができるので、安全性が高いことになります。

現在あるおカネでは、どれくらいの安全性があるのかということを考えるために、現金預金と平均月商を比較する方法があります。月の売上高と比較してどれくらい現金預金を持っているかを比べます。個人で考えてみると月の給与と比較してどれくらい現金預金を持っているのかというものです。

例のパン屋では、下図のようになります。

$$\frac{\text{現金預金}}{\text{平均月商（売上高÷12）}} = \frac{4{,}000{,}000}{48{,}000{,}000 \div 12} = 1$$

月商の1ヶ月分の現金預金があるということになります。個人で言えば、1ヶ月分の給与の額しか現金がないということです。現金預金は少ないと考えます。もちろん、会社は現金預金の他に、売掛金等の比較的すぐに現金化できる資産があるので1ヶ月分だからといって安全性に問題が出るものではありませんが、目安としては2ヶ月分あれば現金預金としては十分な金額を持っているかと思います。

もう１つ、安全性を考える上では、負債と比較する方法があります。負債に比べて現金預金がどれくらいあるのか、また借入金と比較してどれくらい持っているかを見ます。

負債を超えて現金預金を持つ会社はあまりありませんが、借入金を超えて現金預金を持つ会社はいくつかあります。ときどき、「実質無借金経営」と言われている会社がありますが、まさにこの状態であることをあらわしています。仮に借入金を現金預金で返済したとしてもまだ余っており、いつでも全額借入金を返済できる状態にあることから実質無借金ということです。当然、安全度は高い会社であると判断します。

11 間近な危機を予測する
流動資産と負債・流動負債の比較

見るべきポイント

流動資産と流動負債を比べ、1年以内の返済がきちんと行えるかを調べます。

「流動資産」と「流動負債」の金額を比較します。

「流動資産」はおおむね1年以内に現金化する資産であり、「流動負債」はおおむね1年以内に支払が求められる負債です。

「流動負債」が「流動資産」を超えていれば安全性に問題がある状態です。

とくに、「流動負債」にある借入金よりも「流動資産」が少ない場合には、安全性はかなり低いと考えます。

逆に、「流動資産」が「流動負債」と「固定負債」の合わせた負債金額よりも多いのであれば、安全性は高いと判断します。

例のパン屋では、「流動資産」は850万円であり、「流動負債」は380万円です。「固定負債」は741万1千円であり、負債合計は1121万1千円です。

「流動資産」は、「負債合計」より下回ってはいますが、少なくとも「流動負債」以上であることから、この分析では、安全性に問題ないと考えます。

12 おカネの滞留原因を調べる

回転期間

見るべきポイント

売上債権や商品在庫を、どれだけの期間で現金として回収できているかを確かめ、キャッシュ不足の原因を探ります。

今まで説明してきた安全性を見る方法で、安全性が低いと考えた場合、さらに売上債権、棚卸資産の回転期間を見ることがあります。

安全性に問題が出てくる原因というのは、調達してきたおカネがスムーズに流れずに、現金預金以外のなにかの資産に固定化されてしまっているからです。その固定化してしまっている資産がなにかを考えるために回転期間を見ます。

資金が固定化してしまっている資産として代表的なものには、売上債権、棚卸資産、そして次の項で説明する固定資産の場合があります。

この項は、売上債権、棚卸資産に固定化されているかどうかを見るための方法です。

回転期間は次の方法で算定します。

$$\text{回転期間} = \frac{\text{売上債権 or 棚卸資産}}{\text{売上高} \div 12}$$

平均月商と比較し、「売上債権」「棚卸資産」をどれくらい持っているかを見るものです。この数値では、次のように判断します。

- 1～2…通常の数値
- 2以上…資金が固定化してしまっている傾向にある

1～2くらいであれば、売上債権は売上の翌月くらいには回収されていると考えられますし、棚卸資産は、仕入たり、製品が完成したりして1ヶ月程度で出荷されていると判断できます。

逆にこの数値が2を超えていると売上債権、棚卸資産に資金が固定化してしまっている傾向にあると考えます。業界によっては支払サイトや完成から出荷期間が2ヶ月を超える場合が多い場合、2以上であっても問題とは考えませんが、業界の通常の支払サイトや出荷期間よりもかなりオーバーしている場合には、問題があると考えます。

例のパン屋の決算書でそれぞれの回転期間を算定すると次のとおりです。どちらの回転期間も1ヶ月未満ですから、とくに問題があるものでないと考えます。

$$\text{売上債権回転期間} = \frac{2{,}000{,}000}{48{,}000{,}000 \div 12} = 0.5$$

$$\text{棚卸資産回転期間} = \frac{2{,}400{,}000}{48{,}000{,}000 \div 12} = 0.6$$

13 固定資産の調達バランスを見る
固定資産の調達先

見るべきポイント
資金化まで時間がかかる固定資産への投資を、自己資本と固定負債でカバーできているか調べます。できていないと、徐々におカネが少なくなります。

固定資産の金額が大きい会社は固定資産のおカネの調達先はどこかを見ます。

返す必要のない自己資本（純資産の金額）で固定資産の金額をカバーできているのか、それとも、自己資本（純資産の金額）で足りない場合には、固定負債で金額をカバーできているのかを見ます。

固定資産は資金化されるまで時間がかかる資産です。そのため、会社は固定資産のための費用はなるべく支払が求められない「自己資本」で、自己資本が足りないなら、支払が長期ですむ「固定負債」で調達しようと考えます。

もし、固定資産が「自己資本」と「固定負債」の金額よりも大きい金額であれば、短期で支払を求められる「流動負債」によって資金を調達していることですから、安全性は低いと判断します。

また、他の指標で安全性が低い会社で、固定資産が自己資本、固定負債の合計より大きい場合は、保有している固定資産が効率的に収益をあげていない可能性が高いと考えたりします。

第7章

経営状況を推察する比較分析

01 収益の変化から経営状況を掴む
PL・CSの２期比較

見るべきポイント

損益計算書とキャッシュ・フロー計算書を使って、総合的に収益性を分析していきます。前年からの変化を手がかりに経営状況を推察します。

この章では、具体的な会社の決算書を利用して、会社理解をより深めるために、会社の収益性、安全性について過去との比較、経営分析手法などを紹介していきたいと思います。

今回、具体的な決算書として利用する会社は、外食産業のなかの回転すしチェーンでライバル関係にあくら寿司株式会社式以下「くら寿司」）とカッパ・クリエイト株式会社（以下「カッパ寿司」）、元気寿司株式会社（以下「元気寿司」）です。身近な外食産業の会社で、事業内容がイメージしやすいことから選びました。回転すしのなかでは売上はスシローを運営する株式会社FOOD＆LIFE COMPANIESなのですが、決算書が国際会計基準に準拠して作成されており、今回選んだ他社と比較しにくいことから、今回は比較の対象から外しております。

①売上高と利益が前年とどう変化しているか
②その変化の理由はなにか
③利益率は前年と比べてどう変化しているか
④キャッシュの使い方はどうなっているか

これら４つの視点を通して会社への理解を進めていきます。

決算書を読むにあたり、決算書の数値そのものだけを見て理解するのは難しいと思います。むしろ、値の変化や他社との比較値に注目して見ることで、決算書を通じてより会社理解することができると思います。

くら寿司

①売上高と各利益の変化を見る

まずは、「くら寿司」の損益計算書とキャッシュ・フロー計算書を見ていきます（次ページ図。この決算書はくら寿司に所属しているいくつもの会社全体の「連結決算書」と言われるものです。基本的には通常の1社のみの決算書の読み方を適用すれば理解できますので、気にしないで大丈夫です。この章では「連結」という言葉は省略して説明します）。

まず、利益の源である売上高を見てみましょう。売上高は、1,830億円です。前年の1,476億円と比較して、353億円と、23％（353億円÷1476億円×100）と大きく売上を伸ばしています。

売上高が伸びていますが、営業利益は前年よりはマイナス幅が減っているものの、マイナスのままです。経常利益以下の利益はプラスと利益がでていることがわかります。

②変化の理由を確かめる

もう少し、各利益をみていきましょう。売上高が増加しています。営業利益はマイナス金額が減っているものの、マイナスのままです。この時期は新型コロナウイルスの影響を強く影響受けている時期です。コロナの影響を受けているものの、売上は増加していま

1-1 【くら寿司】連結損益計算書

（単位　百万円）

	前連結会計年度 （自　2020年11月1日 至　2021年10月31日）		当連結会計年度 （自　2021年11月1日 至　2022年10月31日）		増減	
	金額	売上比率	金額	売上比率	金額	率
売上高	147,694	100.0%	183,053	100.0%	35,359	23.9%
売上原価	66,634	45.1%	82,518	45.1%	15,884	23.8%
売上総利益	81,059	54.9%	100,535	54.9%	19,476	24.0%
販売費及び一般管理費	83,475	56.5%	101,648	55.5%	18,173	21.8%
営業利益	△2,415	-1.6%	△1,113	-0.6%	1,302	-53.9%
営業外収益						
受取利息	49		73		24	49.0%
為替差益	206		302		96	46.6%
受取手数料	223		165		△58	-26.0%
助成金収入	5,233		3,129		△2,104	-40.2%
その他	129		150		21	16.3%
営業外収益合計	5,841		3,822		△2,019	-34.6%
営業外費用						
支払利息	161		223		62	38.5%
その他	19		29		10	52.6%
営業外費用合計	251		252		1	0.4%
経常利益	3,174	2.1%	2,457	1.3%	△717	-22.6%
特別利益						
特別利益合計	-		-			
特別損失						
固定資産除却損	120		45		△75	-62.5%
減損損失	130		506		376	289.2%
特別損失合計	251		551		300	119.5%
税金等調整前当期純利益	2,923	2.0%	1,905	1.0%	△1,018	-34.8%
法人税、住民税及び事業税	1,670		623		△1,047	-62.7%
法人税等調整額	△166		203		369	-222.3%
法人税等合計	1,504		826		△678	-45.1%
当期純利益	1,419	1.0%	1,079	0.6%	△340	-24.0%
被支配株主に帰属する当期純利益	△482	-0.3%	334	0.2%	816	-169.3%
親会社株主に帰属する当期純利益	1,901	1.3%	744	0.4%	△1,157	-60.9%

1-2 【くら寿司】連結キャッシュ・フロー計算書

（単位　百万円）

	前連結会計年度 （自　2020年11月1日 至　2021年10月31日）	当連結会計年度 （自　2021年11月1日 至　2022年10月31日）	増減	
			金額	率
営業活動によるキャッシュ・フロー				
税金等調整前当期純利益	2,923	1,905	△1,018	-34.8%
減価償却費	6,269	7,631	1,362	21.7%
減損損失	130	506	376	289.2%
受取利息	△49	△73	△24	49.0%
支払利息	161	223	62	38.5%
助成金収入	△5,233	△3,129	2,104	-40.2%
棚卸資産の増減額（△は増加）	△71	△566	△495	697.2%
売上債権の増減額（△は増加）	327	△1,030	△1,357	-415.0%
仕入債務の増減額（△は減少）	△466	396	862	-185.0%
未払消費税等の増減額（△は減少）	△1,776	△796	980	-55.2%
その他	15	2,349	2,334	15560.0%
小計	2,230	7,414	5,184	232.5%
利息の受取額	6	33	27	450.0%
利息の支払額	△161	△223	△62	38.5%
助成金の受取額	3,322	5,042	1,720	51.8%
法人税等の支払額	△658	△2,323	△1,665	253.0%
営業活動によるキャッシュ・フロー	4,738	9,944	5,206	109.9%

	前連結会計年度 （自　2020年11月1日 至　2021年10月31日）	当連結会計年度 （自　2021年11月1日 至　2022年10月31日）	増減	
			金額	率
投資活動によるキャッシュ・フロー				
有形固定資産の取得による支出	△8,116	△10,129	△2,013	24.8%
有形固定資産の売却にによる収入	19	0	△19	-100.0%
無形固定資産の取得による支出	△299	△401	△102	34.1%
関係会社株式の取得による支出	0	△293	△293	-
貸付けによる支出	△325	△484	△159	48.9%
差入保証金の差入による支出	△749	△563	186	-24.8%
差入保証金の回収による収入	83	82	△1	-1.2%
その他	△89	△315	△226	253.9%
投資活動によるキャッシュ・フロー	△9,477	△12,105	△2,628	27.7%
財務活動によるキャッシュ・フロー				
短期借入金の純増減額（△は減少）	766	△860	△1,626	-212.3%
リース債務の返済による支出	△2,846	△3,172	△326	11.5%
自己株式の取得による支出	0	0	0	-
配当金の支払額	△792	△792	0	0.0%
被支配株主への配当金の支払額	△29	△30	△1	3.4%
ストックオプションの行使による収入	105	159	54	51.4%
連結子会社の増資による収入	5,257		△5,257	-100.0%
財務活動によるキャッシュ・フロー	2,458	△4,696	△7,154	-291.0%
現金及び現金同等物に係る換算差額	417	1,278	861	206.5%
現金及び現金同等物の増減額（△は減少）	△1,862	△5,579	△3,717	199.6%
現金及び現金同等物の期首残高	20,611	18,748	△1,863	-9.0%
現金及び現金同等物の期末残高	18,748	13,169	△5,579	-29.8%

す。ただ、営業利益がプラスになるほどまでは売上が増加していないことがわかります。

次に、経常利益をみると24億円のプラスとなっています。営業利益はマイナス11億円でしたが、プラスへと変化しています。これは営業外収益が38億円発生していることが原因です。

この営業外収益が発生したことにより経常利益がプラスとなっています。そこで営業外収益の内訳を確認してみますと、助成金収入31億円があることがわかります。飲食業への助成金ですからコロナ下において営業時間の短縮等による協力金と考えられます。コロナによる影響で営業赤字は発生しているものの、国等の援助によって経常利益はプラスになったことがわかります。ただ、経常利益はプラスですが、前年よりは減少しています。営業利益のマイナス金額が減少しているものの、国の支援である助成金収入が減少して、営業外収益が減少したため経常利益は減少してることがわかります。

税金等調整前利益は19億円です、経常利益24億円から利益金額が減少しています。原因は特別損失5億円発生しているからです。特別損失の内訳は固定資産除却損と減損損失です。固定資産除却損は除却することで発生した損失であり、減損損失は固定資産を評価することで発生した損失です。業態から、店舗関係の損失が5億円発生していると考えられます。税金等調整前当期純利益からは税金費用が引かれて当期純利益10億円となっています。

親会社株主に帰属する当期純利益は7億円となっています。この親会社に帰属する当期純利益は当期純利益から被支配株主に帰属する当期純利益を引くことで算定されています。

被支配株主に帰属する当期純利益ですが、連結損益計算書での当期純利益には親会社とグループ内の子会社の利益の合算であります。ただ、子会社には親会社以外の株主が存在しており、その親会社以外の株主の利益である被支配株主に帰属する当期純利益を控除して親会社に帰属する利益を表すとことしています。

当期純利益は10億円で前期より3億円減少していますが、最終利益である親会社株主に帰属する当期純利益は前期より11億円減少の7億円となっています。

③利益率の変化を見る

では、単年度の利益率を見ていきます。売上高総利益率は54%で、売上高の半分程度です。営業利益率はマイナス0.6%となりマイナスの利益率となっています。経常利益率は助成金収入のおかげで、なんとか1%の利益率がとてれていることがわかります。

これらの利益率を前年と比較します。すると、売上高総利益率は0.2%と若干改善しており、営業利益率も利益のマイナスが減少して若干改善しています。

経常利益率は前期の2.1%より減少して1.3%となっています。コロナの影響を受けて、低い利益率のままであることがわかります。

④キャッシュの流れを確かめる

損益計算書はこのくらいで、次はキャッシュ・フロー計算書を見てみましょう。

キャッシュそのものは「現金及び現金同等物の増減額」にあるとおり、55億円のマイナスになっています。

各活動のキャッシュ・フローを見ると、次のとおりです。

- 営業活動によるキャッシュ・フローは99億円のプラス

- 投資活動によるキャッシュ・フローは121億円のマイナス
- 財務活動によるキャッシュ・フローは46億円のマイナス

営業活動ではしっかりとキャッシュが稼げていることがわかります。営業利益ではマイナスでしたが、営業活動によるキャッシュそのものはプラスです。前期も47億円のプラスでしたが、今期は52億円も多く営業活動でキャッシュが稼げています。ただ、内訳をみてみると99億円のうち助成金収入が50億円と半分近くが国等よりの援助ということもわかります。

投資活動によるキャッシュ・フローは121億円のマイナスです。マイナスとなると悪い印象を抱くかもしれませんが、むしろ121億円投資していると考えていただければと思います。121億円の投資の内訳をみると101億円が固定資産への取得であり、店舗への投資をしていると考えられます。前期の投資活動によるキャッシュ・フローがマイナス81億円で、81億円投資しており、今期も引き続き前期を上回る店舗投資をしていることがわかります。店舗投資に見合った売上が増加していくことが予測されますし、実際に前期の投資により当期の売上増収が実現しているものと思われます。

次に、財務活動によるキャッシュ・フローですが、46億円のマイナスです。今期は財務活動で資金調達より、資金返済の年度であったと考えられます。46億円のマイナスのうち31億円がリース債務の返済となっています。

カッパ寿司

①売上高と各利益の変化を見る

売上高を見ていきます（p150の図）。売上高は672 億円です。前期の648億円と比較すると23億円の増収になっています。コロナ下とはいえ、売上が若干ですが増加していることがわかります。

次に、各利益金額を見ていきます。増収はしているものの、営業利益は経常利益ともにマイナスとなっています。営業利益は21億円のマイナスで前期15億円のマイナスよりさらにマイナス金額が拡大しています。

同じく経常利益も18億円のマイナスと前期14億円のマイナスよりマイナス金額が拡大しています。

一方で税金等調整前当期純利益は8億円のプラスで、前年の14億のマイナスからプラスへと転換しています。親会社株主に帰属する当期純利益も7億円と前期11億円のマイナスからプラスに転換しています。売上は増加しているも営業利益と経常利益はマイナスでありながら、税金等調整前当期純利益以降はプラスとなっています。そこで、もう少し見ていくことにしましょう。

②変化の理由を確かめる

売上高は23億円増加していますが、売上原価も21億円増加しており、売上総利益では1億円程の増加にしかなってません。また、販売費及び一般管理費は356億円と前期よりも6億円増えています。つまり、売上が増加したものの、それ以上に売上原価や販売費及び一般管理費といった費用が増加したため、営業利益のマイナスが拡大してしまっています。経常利益は営業外収益で6億円が発生しており、営業外費用3億円よりも多いですが、営業利益のマイナスをカバーできず、経常利益18億円マイナス金額のままです。

次の利益区分である税金等調整前当期純利益は、8億円のプラスです。そこでプラスとなった原因を見てみると特別利益が37億円発生しています。その内訳を確認すると33億円の助成金があることがわかります。この助成金が税引前当期純利益をプラスにしてくれています。くら寿司同様に国の支援が利益のプラスに大きく影響していることがわかります。くら寿司は助成金を営業外収益にしていましたから経常利益からプラスになりましたが、カッパ寿司は特別利益にしていることから経常利益はマイナスで、税金等調整前当期純利益からプラスとなっています。

同じ助成金なのに、一方は営業外収益にして、一方は特別利益にすることで経常利益へ与える影響が変わっていることがわかります。実際はどちらも外部監査を受けていることから間違いではなく、まさに見解の相違による違いということになるとは考えますが、比較するにおいてはわかりづらいところです。

税金等調整前当期純利益は8億円、親会社株主に帰属する当期純利益は7億円とプラスです。それぞれ前期では14億円、11億円のマイナスでしたが、助成金33億円の支援を受けて、それぞれの利益が増加して、プラスの利益になったということがわかります。

③利益率の変化を見る

次は、利益率を見ます。売上高総利益率は49%です。売上の半分が利益で、半分が原価であることがわかります。前期の51%と比較すると悪化していることがわかります。売上高が増加しているものの、それ以上に売上原価の方が増えています。会社によると食材価格の高騰によるとのことです。営業利益率、経常利益率はそれぞれ、マイナスとなっており、マイナスの利益率となっており、コロナの影響が大きく影響していると考えられます。

税金等調整前当期純利益率、当期純利益率、親会社株主に帰属する当期純利益率は1%高い利益率ではありませんが、プラスの利益率が確保できております。

1-3 【カッパ寿司】連結損益計算書

（単位　百万円）

	前連結会計年度（自 2020年4月1日 至 2021年3月31日）		当連結会計年度（自 2021年4月1日 至 2022年3月31日）		増減	
	金額	売上比率	金額	売上比率	金額	率
売上高	64,881	100.0%	67,206	100.0%	2,325	3.6%
売上原価	31,491	48.5%	33,683	50.1%	2,192	7.0%
売上総利益	33,389	51.5%	33,523	49.9%	134	0.4%
販売費及び一般管理費	34,962	53.9%	35,636	53.0%	674	1.9%
営業利益	△1,572	-2.4%	△2,113	-3.1%	△541	34.4%
営業外収益						
受取利息	41		34		△7	-17.1%
受取配当金	55		56		1	1.8%
受取手数料	229		214		△15	-6.6%
自動販売機収入	34		25		△9	-26.5%
協賛金収入	18		13		△5	-27.8%
受取保険金			122		122	-
雑収入	80		143		63	78.8%
営業外収益合計	459		609		150	32.7%
営業外費用						
支払利息	63		116		53	84.1%
社債利息	34		27		△7	-20.6%
賃貸収入原価	204		193		△11	-5.4%
雑損失	55		49		△6	-10.9%
営業外費用合計	359		385		26	7.2%
経常利益	△1,472	-2.3%	△1,889	-2.8%	△417	28.3%
特別利益						
固定資産売却益	0		423		423	-
助成金収入	773		3,302		2,529	327.2%
特別利益合計	774		3,726		2,952	381.4%
特別損失						
固定資産除却損	107		82		△25	-23.4%
減損損失	382		409		27	7.1%
店舗閉鎖損失引当金繰入額	2				△2	-100.0%
臨時休業等による損失	216		508		292	135.2%
特別損失合計	708		1,000		292	41.2%
税金等調整前当期純利益	△1,406	-2.2%	836	1.2%	2,242	-159.5%
法人税、住民税及び事業税	163		161		△2	-1.2%
法人税等調整額	△453		△118		335	-74.0%
法人税等合計	△289		43		332	-114.9%
当期純利益	△1,116	-1.7%	793	1.2%	1,909	-171.1%
被支配株主に帰属する当期純利益	32	0.0%	56	0.1%	24	75.0%
親会社株主に帰属する当期純利益	△1,149	-1.8%	736	1.1%	1,885	-164.1%

1-4 【カッパ寿司】連結キャッシュ・フロー計算書

（単位　百万円）

	前連結会計年度 （自　2020年4月1日 至　2021年3月31日）	当連結会計年度 （自　2021年4月1日 至　2022年3月31日）	増減	
			金額	率
営業活動によるキャッシュ・フロー				
税金等調整前当期純利益	△1,406	836	2,242	-159.5%
減価償却費	1,931	1,982	51	2.6%
減損損失	382	409	27	7.1%
賞与引当金の増減額（△は減少）	△116	△5	111	-95.7%
店舗閉鎖損失引当金の増減額（△は減少）	△256	△2	254	-99.2%
受取利息及び配当金	△96	△90	6	-6.3%
支払利息及び社債利息	98	143	45	45.9%
固定資産除却損	107	82	△25	-23.4%
固定資産ん売却益（△は益）		△423	△423	-
助成金収入	△773	△3,302	△2,529	327.2%
臨時休業等による損失	216	508	292	135.2%
売上債権の増減額（△は増加）	△854	336	1,190	-139.3%
棚卸資産の増減額（△は増加）	0	△48	△48	-
仕入債務の増減額（△は減少）	534	△485	△1,019	-190.8%
未払金の増減額（△は減少）	225	△197	△422	-187.6%
未払費用の増減額（△は減少）	33	△48	△81	-245.5%
未払消費税等の増減額（△は減少）	△262	△145	117	-44.7%
その他	229	77	△152	-66.4%
小計	△8	△373	△365	4562.5%
利息及び配当金の受取額	96	90	△6	-6.3%
利息の支払額	△104	△153	△49	47.1%
臨時休業等による支払額	△166	△513	△347	209.0%
助成金の受取額	56	3,242	3,186	5689.3%
法人税等の支払額または還付額	△411	283	694	-168.9%
営業活動によるキャッシュ・フロー	△538	2,577	3,115	-579.0%

	前連結会計年度 （自　2020年4月1日 至　2021年3月31日）	当連結会計年度 （自　2021年4月1日 至　2022年3月31日）	増減	
			金額	率
投資活動によるキャッシュ・フロー				
有形固定資産の取得による支出	△549	△875	△326	59.4%
有形固定資産の売却にによる収入	0	1,290	1,290	-
無形固定資産の取得による支出	△59	△118	△59	100.0%
敷金及び保証金の差入による支出	△51	△44	7	-13.7%
敷金及び保証金の回収による収入	157	95	△62	-39.5%
その他	△101	△40	61	-60.4%
投資活動によるキャッシュ・フロー	△604	306	910	-150.7%
財務活動によるキャッシュ・フロー				
短期借入金の純増減額（△は減少）	4,000	△4,000	△8,000	-200.0%
長期借入金の返済による支出	△90	△380	△290	322.2%
長期借入による収入	1,000	6,000	5,000	500.0%
配当金の支払額	0	0	0	-
ファイナンス・リース債務の返済による支出	△153	△109	44	-28.8%
社債の発行による収入	989	0	△989	-100.0%
社債の償還による支出	△1,590	△1,720	△130	8.2%
割賦債務の返済による支出	△1,027	△1,191	△164	16.0%
財務活動によるキャッシュ・フロー	3,127	△1,400	△4,527	-144.8%
現金及び現金同等物に係る換算差額	0	0	0	-
現金及び現金同等物の増減額（△は減少）	1,983	1,482	△501	-25.3%
現金及び現金同等物の期首残高	5,941	7,924	1,983	33.4%
現金及び現金同等物の期末残高	7,924	9,407	1,483	18.7%

④キャッシュの流れを確かめる

キャッシュ・フロー計算書を見ていきます。

キャッシュ自体は「現金及び現金同等物の増加額」にあるように14億円のプラスとなっています。各活動のキャッシュ・フローを見てみましょう。

- 営業活動によるキャッシュ・フローは25億円のプラス
- 投資活動によるキャッシュ・フローは3億円のプラス
- 財務活動によるキャッシュ・フローは14億円のマイナス

営業活動ではしっかりとキャッシュが稼げていることがわかります。ただ、助成金の受取が32億円とあることから、助成金収入がなければ営業活動によるキャッシュ・フローはマイナスです。投資活動もプラスです。活動の中をみると有形固定資産の売却が12億円発生しており、固定資産の取得による支出8億円よりも売却による収入が生じたことから、投資活動によるキャッシュ・フローはプラスです。

財務活動の方も資金調達よりも返済が多かったことからマイナスとなっています。

くら寿司は助成金収入を得ながら、投資は抑えめにして、返済を優先したと考えられます。

元気寿司

①売上高と各利益の変化を見る

売上高は、446億円です（次ページ図）。前年の382億円と比較すると63億円と前期比16％の増収になっています。くら寿司ほどでないですが、売上を大きく伸ばしています。

各利益項目を見ていきます。それぞれの利益項目はプラスで、利

1-5 【元気寿司】連結損益計算書

（単位　百万円）

	前連結会計年度（自　2020年4月1日　至　2021年3月31日）		当連結会計年度（自　2021年4月1日　至　2022年3月31日）		増減	
	金額	売上比率	金額	売上比率	金額	率
売上高	38,252	100.0%	44,607	100.0%	6,355	16.6%
売上原価	15,627	40.9%	18,954	42.5%	3,327	21.3%
売上総利益	22,625	59.1%	25,653	57.5%	3,028	13.4%
販売費及び一般管理費	23,078	60.3%	25,388	56.9%	2,310	10.0%
営業利益	△452	-1.2%	265	0.6%	717	-158.6%
営業外収益						
受取利息及び配当金	29		31		2	6.9%
受取賃貸料	31		19		△12	-38.7%
受取手数料	55		59		4	7.3%
雑収入	43		31		△12	-27.9%
営業外収益合計	159		142		△17	-10.7%
営業外費用						
支払利息	91		93		2	2.2%
賃貸費用	30		30		0	0.0%
不適切行為関連損失	0		29		29	-
雑損失	4		7		3	75.0%
営業外費用合計	127		161		34	26.8%
経常利益	△420	-1.1%	245	0.5%	665	-158.3%
特別利益						
固定資産売却益	0		2		2	-
助成金収入	96		1,429		1,333	1388.5%
受取和解金	541		0		△541	-100.0%
債務免除益			588		588	-
特別利益合計	637		2,020		1,383	217.1%
特別損失						
固定資産除却損	16		41		25	156.3%
固定資産売却損			8		8	-
減損損失	548		520		△28	-5.1%
賃貸借契約解約損	60		39		△21	-35.0%
在外子会社における送金詐欺損失	169		0		△169	-100.0%
特別損失合計	794		609		△185	-23.3%
税金等調整前当期純利益	△577	-1.5%	1,656	3.7%	2,233	-387.0%
法人税、住民税及び事業税	152		453		301	198.0%
法人税等還付税額			△37		△37	-
法人税等調整額	△286		△62		224	-78.3%
法人税等合計	△134		354		488	-364.2%
当期純利益	△443	-1.2%	1,301	2.9%	1,744	-393.7%
親会社株主に帰属する当期純利益	△443	-1.2%	1,301	2.9%	1,744	-393.7%

1-6 【元気寿司】連結キャッシュ・フロー計算書

（単位　百万円）

	前連結会計年度（自　2020年4月1日　至　2021年3月31日）	当連結会計年度（自　2021年4月1日　至　2022年3月31日）	増減	
			金額	率
営業活動によるキャッシュ・フロー				
税金等調整前当期純利益	△577	1,656	2,233	-387.0%
減価償却費	1,891	1,947	56	3.0%
減損損失	548	520	△28	-5.1%
貸倒引当金の増減額（△は減少）	5	0	△5	-100.0%
賞与引当金の増減額（△は減少）	40	44	4	10.0%
ポイント引当金の増減額（△は減少）	1		△1	-100.0%
転貸損失引当金の増減額（△は減少）	△7	△7	0	0.0%
受取利息及び配当金	△29	△31	△2	6.9%
支払利息	91	93	2	2.2%
固定資産ん売却損益（△は益）	16	47	31	193.8%
助成金収入	△96	△1,429	△1,333	1388.5%
賃貸借契約解約損	60	39	△21	-35.0%
債務免除益		△588	△588	-
受取和解金	△541		541	-100.0%
売上債権の増減額（△は増加）	△320	△224	96	-30.0%
棚卸資産の増減額（△は増加）	42	△17	△59	-140.5%
仕入債務の増減額（△は減少）	245	257	12	4.9%
その他	175	480	305	174.3%
小計	1,546	2,789	1,243	80.4%
利息及び配当金の受取額	0	0	0	-
利息の支払額	△93	△94	△1	1.1%
法人税等の還付額	0	72	72	-
法人税等の支払額または還付額	△455	△207	248	-54.5%
助成金の受取額	59	1,466	1,407	2384.7%
和解金の受取額	541	0	△541	-100.0%
営業活動によるキャッシュ・フロー	1,599	4,026	2,427	151.8%
投資活動によるキャッシュ・フロー				
有形固定資産の取得による支出	△1,380	△1,218	162	-11.7%
無形固定資産の取得による支出	△173	△217	△44	25.4%
差入保証金の差入による支出	△709	△748	△39	5.5%
差入保証金の回収による収入	281	345	64	22.8%
投資不動産の売却による収入		111		
その他	△100	△121	△21	21.0%
投資活動によるキャッシュ・フロー	△2,083	△1,850	233	-11.2%
財務活動によるキャッシュ・フロー				
長期借入による収入	4,171	2,000	△2,171	-52.0%
長期借入金の返済による支出	△786	△1,233	△447	56.9%
リース債務の返済による支出	△1,120	△1,143	△23	2.1%
配当金の支払額	△44	△132	△88	200.0%
その他	0	0	0	-
財務活動によるキャッシュ・フロー	2,219	△509	△2,728	-122.9%
現金及び現金同等物に係る換算差額	60	67	7	11.7%
現金及び現金同等物の増減額（△は減少）	1,796	1,733	△63	-3.5%
現金及び現金同等物の期首残高	3,465	5,261	1,796	51.8%
現金及び現金同等物の期末残高	5,261	6,995	1,734	33.0%

益がしっかりと出ていることがわかります。

前期の各利益はマイナスでしたが、今期はコロナの影響を受けながらも売上を増加させ、プラスの利益を確保していることがわかります。

②変化の理由を確かめる

営業利益は増収の効果もあり、前期の4億円のマイナスからプラス2億円とすることができています。経常利益も2億程度です。営業利益から経常利益にいたるまでの営業外費用の中に、今期では29百万円の不適切行為関連損失をだしています。店舗工事に関連しての不適切支出のようです。

税金等調整前当期純利益は16億円とプラスです。「元気寿司」は「カッパ寿司」と同じく、助成金収入は特別利益を計上しており、その結果、税金等調整前当期純利益も親会社株主に帰属する当期純利益も前期のマイナスから大きく回復してプラスとなっています。

目に付いた項目として、前期の特別損失項目で在外子会社における送金詐欺損失が1億円発生しています。当期の営業外費用には不適切行為損失が発生しており、経営管理が大丈夫なのかという印象を抱いてはしまいます。

③利益率の変化を見る

利益率を見ていきますと、売上高総利益率は57%で、しっかりと売上総利益は取れていることがわかります。ただし、前期と比較すると2%弱落ち込んでおります。こちらも会社によると原材料価格の高騰による影響のようです。営業利益率、経常利益率は1%に満たない水準ですが、全利益項目でプラスの利益率となっています。助成金収入の影響もあって、税金等調整前利益率、当期純利益率、親会社株主に帰属する当期純利益率は3%前後を確保できるようになっています。

④キャッシュの流れを確かめる

キャッシュ自体は「現金及び現金同等物の増減額」にあるとおり、17億円のプラスとなっています。

各活動のキャッシュ・フローを見てみましょう。

- 営業活動によるキャッシュ・フローは40億円のプラス
- 投資活動によるキャッシュ・フローは18億円のマイナス
- 財務活動によるキャッシュ・フローは5億円のマイナス

営業活動ではしっかりとキャッシュが稼げていることがわかります。40億円のうち、助成金収入14億円があるものの、営業活動でキャッシュを稼いで、18億円の投資を行い、5億円の返済をすすめたということがわかります。

3社比較

最後に3社を比較してみます(次ページ図)。

売上高の規模で考えると「くら寿司」は「カッパ」の約3倍で、「元気寿司」の4倍以上ということがわかります。

経常利益になると「くら寿司」は24億円で、「カッパ寿司」は赤字で、元気寿司は2億円になります。ただ、「くら寿司」は助成金収入を営業外収入にいれていることから経常利益が高くなるため単純に比較できません。

次の当期純利益で比較してみると、売上が一番低い元気寿司が13

億円となっており、次に「くら寿司」10億円、そして最後が「カッパ寿司」7億円となります。

会社の規模が違うので、比較しやすいように利益率でみてみます。

「元気寿司」が各利益項目が全てプラスであり、率のすべての項目でトップです。経常利益率の2番目はくら寿司ですが、助成金収入の影響があるので、必ずしも2番目とはいえません。そこで、当期純利益率で比較すると「元気寿司」は2.9%で「カッパ寿司」が1.2%となり、「くら寿司」の0.6%を上回っています。

親会社株主に帰属する当期純利益率は「元気寿司」「カッパ寿司」そして「くら寿司」の順番になっています。売上規模は「くら寿司」が一番ですが、利益、利益率は「元気寿司」がすぐれており、利益率が一番低いのが「くら寿司」となっています。「カッパ寿司」は、規模でも率でも真ん中です。

1-7　回転ずし3社の利益率比較

	くら寿司	カッパ寿司	元気寿司
	2021年11月1日～ 2022年10月30日	2021年4月1日～ 2022年3月31日	2021年4月1日～ 2022年3月31日
売上高	183,053	67,206	44,607
売上総利益	100,535	33,523	25,653
営業利益	(1,113)	(2,113)	265
経常利益	2,457	(1,889)	245
当期純利益	1,079	793	1,301
親会社株主に帰属する当期純利益	744	736	1,301

売上総利益率	54.9%	49.9%	57.5%
売上営業利益率	-0.6%	-3.1%	0.6%
売上経常利益率	1.3%	-2.8%	0.5%
売上当期純利益率	0.6%	1.2%	2.9%
売上当期純利益（親会社帰属）率	0.4%	1.1%	2.9%

02 収益力を分解して分析する
ROAとROE

見るべきポイント

ROA（総資産利益率）をさらに分解することで、より詳細に収益力の原因を探ります。

会社の収益力をあらわす代表的な指標であるROAを見ていきます。繰り返しになりますが、会社というのは、資金を調達して、調達したおカネを投資して、おカネを稼ぐことで維持発展します。

投資した資産でどれだけおカネを稼ぐことができるのか、ということこそが会社の収益力そのものです。この収益力を見る指標こそがROAになるのです。ここでは、ROAを使った分析を行っていきます。

ROAは次の式で求められます。

$$\mathrm{ROA} = \frac{\text{利益}}{\text{総資産}} \times 100$$

そして、この式は次のように分解することができます。

$$\mathrm{ROA} = \frac{\text{利益}}{\text{売上高}} \times \frac{\text{売上高}}{\text{総資産}}$$

つまり、ROAは利益率（利益÷売上高）と総資産回転率（売上高÷総資産）に分けられるということです。この2つの数字で収益力を分析することができます。

この式からはROAが高い会社は、以下の特徴があるとわかります。

①利益率が高い
②総資産回転率が高い

①の「利益率が高ければ良い」ということはイメージしやすいと思います。では、②の「総資産回転率が高い」ということはどういうことでしょうか？

例えば、資産として店舗を1つ持っている場合を考えます。その1つの店舗をどれだけ活用して（回転させて）、売上高を伸ばせているのか、これが総資産回転率です。1店舗での売上が高ければ高いほど、回転率は高くなります。具体的に各社のROAを見ていきましょう。

くら寿司

計算にあたっては総資産の金額は、平均総資産（(前期末総資産＋当期末総資産）÷2を利用しています。

くら寿司のROA（親会社株主に帰属する当期純利益÷総資産）は0.7%です。（次ページ図）。今回はROAの利益については「親会社株主に帰属する当期純利益」を利用します。

経常利益について、助成金を営業外収益にする会社と特別利益にしている会社があるので、経常利益でなく、親会社株主に帰属する

2-1　くら寿司の利益率と総資産回転率

（単位　百万円）

	2020年11月1日～ 2021年10月30日	2021年11月1日～ 2022年10月30日
売上高	147,592	183,053
経常利益	3,174	2,457
親会社株主に帰属する当期純利益	1,901	744
平均総資産	92,046	104,305

親会社株主に帰属する当期純利益／総資産	2.1%	0.7%
売上当期純利益率	1.3%	0.4%
総資産回転率	1.60	1.75

（参考）

経常利益／総資産	3.4%	2.4%
売上経常利益率	2.2%	1.3%
総資産回転率	1.60	1.75

当期純利益で分析をすすめていきます。

前期の2.1％と比較してみても減少しています。利益率と回転率でみてみましょう。

回転率は1.75と前期の1.6と比較して増加しており、売上を獲得する力は上がっているのですが、利益率は1.3％から0.4％へと減少しています。投下している資本で売上げ増加できたものの、まだ、利益は確保できず、結果としてROAが減少しています。

カッパ寿司

ROA（親会社株主に帰属する当期純利益÷総資産）は2.3％になっています（下の図）。前期はマイナス3.8％でしたので、収益力は回復してきています。

ROAを利益率と回転率に分解します。利益率は1.1％で、回転率は2.1 になります。前期と比べると回転率はさがったものの、利益率がプラスとなったことがわかります。総資産は増えて、売上も増えておりますが、回転率が若干さがっていることから、資産が生み出す売上の力が若干ですが弱まっています。一方で、利益率がプラスになったことでROAは改善しています。

2-2　カッパ寿司の利益率と総資産回転率

（単位　百万円）

	2020年4月1日～ 2021年3月31日	2021年4月1日～ 2022年3月31日
売上高	64,881	67,206
経常利益	(1,472)	(1,889)
親会社株主に帰属する当期純利益	(1,149)	736
平均総資産	30,467	31,828

親会社株主に帰属する当期純利益 / 総資産	-3.8%	2.3%
売上当期純利益率	-1.8%	1.1%
総資産回転率	2.13	2.11

（参考）

経常利益 / 総資産	-4.8%	-5.9%
売上経常利益率	-2.3%	-2.8%
総資産回転率	2.13	2.11

元気寿司

ROA（親会社株主に帰属する当期純利益÷総資産）は5.1％になっています（次ページの図）。値としてはいい値と考えます。前期と比較してみても、前期がマイナスだったことから、ROAがプラスとなり、5%台を確保できて収益力は回復しています。

次にROAを利益率と回転率に分解するとそれぞれ2.9％と1.7 になります。

回転率も若干増加している中、親会社株主に帰属する当期純利益率は2.9％と回復してきています。

投資を増やしながら、売上も増やし、利益も確保していることでROAが上がってきていることがわかります。

ただ、利益に対して助成金の占める割合が多いことから会社の収益力をみるうえでは留意が必要だとは思います。

2-3　元気寿司の利益率と総資産回転率

（単位　百万円）

	2020年4月1日～ 2021年3月31日	2021年4月1日～ 2022年3月31日
売上高	38,252	44,607
経常利益	(420)	245
親会社株主に帰属する当期純利益	(443)	1,301
平均総資産	22,212	25,426

親会社株主に帰属する当期純利益／総資産	-2.0%	5.1%
売上当期純利益率	-1.2%	2.9%
総資産回転率	1.72	1.75

（参考）

経常利益／総資産	-1.9%	1.0%
売上経常利益率	-1.1%	0.5%
総資産回転率	1.72	1.75

3社比較

3社を比較します（次ページの図）。3社のROAでは、「くら寿司」が一番低く0.7%となり、一番高いのは「元気寿司」の5.1%です。利益率も「元気寿司」が一番で2.9%、続いて「カッパ寿司」1.1%「くら寿司」0.4%となっています。

回転率は「カッパ寿司」が一番で2.1、「くら寿司」、「元気寿司」が1.75で並んでいます。

資産を使って売上を上げる力は「カッパ寿司」は「元気寿司」と比較して、いいのですが、その売上を利益に結び付ける力である利益率は「元気寿司」が2.9%と「カッパ寿司」を3倍近く上回っているため、ROAでは「元気寿司」に次いで2番目となってしまっています。「くら寿司」はROAでは3番目で、利益率でも回転率でも一番下になっており、売上規模は他社と比較して3～4倍あるものの、収益性では低くなっています。売上でも保有資産でも他社を大きく上回っていますが、コロナによる影響で、保有している資産を上手く利益に結び付けられていないと考えられます。

2-4　回転ずし3社の利益率と総資産回転率比較

（単位　百万円）

	くら寿司	カッパ寿司	元気寿司
	2021年11月1日〜 2022年10月30日	2021年4月1日〜 2022年3月31日	2021年4月1日〜 2022年3月31日
売上高	183,053	67,206	44,607
親会社株主に帰属する当期純利益	744	736	1,301
平均総資産	104,305	31,828	25,426
親会社株主に帰属する当期純利益 / 総資産	0.7%	2.3%	5.1%
売上当期純利益率	0.4%	1.1%	2.9%
総資産回転率	1.75	2.11	1.75

経常利益	2,457	(1,889)	245
経常利益 / 総資産	2.4%	-5.9%	1.0%
売上経常利益率	1.3%	-2.8%	0.5%
総資産回転率	1.75	2.11	1.75

ROEについて

ROEという指標があります。自己資本（株主資本）利益率のことです。会社の収益力を見るにはROAを使いますが、投資家にとっては、ROAよりも大切な指標と言われますのでROAと比較しながら説明します。純資産ですから、要は投資家の持ち分金額です。その投資家の持分金額に対してどれだけの利益を稼げているかを見るのがROEです。

$$\mathrm{ROE} = \frac{\text{利益}}{\text{自己資本}}$$

そして、ROAを用いるとROEは次のようになります。

$$\mathrm{ROE} = \frac{\text{利益}}{\text{総資産}} \times \frac{\text{総資産}}{\text{自己資本}} = \mathrm{ROA} \times \frac{\text{総資産}}{\text{自己資本}}$$

ROEはROAに「総資産÷自己資本（株主資本）」を乗じた金額です。これはどのようなことを意味するのでしょうか。

ROAが高くなるほどROEは高くなります。また、ROAが一定の場合には「総資産÷自己資本（株主資本）」が高いほどROEはいいことになります。

この「総資産÷自己資本（株主資本）」を高めるにはどうすればいいのでしょうか。分子の総資産は「負債＋純資産」の金額と一致します。つまり、負債を増やせばROEは、たとえROAが一定の場合でも増加することになります。

安全性でも説明しましたが負債が増えれば安全性が低くなりますが、一方ではROEは高くなります。ROEが高いほど株主にとってはいいのでしょうが、会社の安全性が脅かされるおそれもあるのです。この点は、ROEを見る上でぜひ、留意しておいてください。

各社のROEを見てみましょう（次ページ図）。

「元気寿司」15.0%、「カッパ寿司」6.5%、「くら寿司」1.5%の順になっています。「元気寿司」は15%と「くら寿司」の10倍で、「カッパ寿司」の2倍以上です。ROAについても、「元気寿司」5.1%、「カッパ寿司」2.3%、「くら寿司」0.7%の順になっています。

「総資産÷自己資本（株主資本）」についても「元気寿司」、「カッパ寿司」、「くら寿司」の順番になっています。「カッパ寿司」と「元気寿司」はそれぞれ2.8と2.9であり、「くら寿司」は2.1で、「カッパ寿司」「元気寿司」よりは低い数値となっています。「カッパ寿司」と「元気寿司」は負債が多い傾向にあると考えられます。負債を利用しながら投資をしていく積極的な傾向とも考えられるかもしれませんが、コロナの影響で資金繰りを確保すべく負債を増やした結果かもしれません。

2-5　回転ずし3社のROA・ROE比較

（単位　百万円）

	くら寿司	カッパ寿司	元気寿司
	2020年11月1日～2021年10月30日	2020年4月1日～2021年3月31日	2020年4月1日～2021年3月31日
売上高	147,592	64,881	38,252
親会社株主に帰属する当期純利益	1,901	-1,149	-443
平均総資産	92,046	30,467	22,212
平均自己資本	46,461	11,504	8,335

ROE（当期純利益／自己資本）	4,1%	-10.0%	-5.3%
ROA（当期純利益／総資産）	2.1%	-3.8%	-2.0%
総資産／純資産	2.0	2.6	2.7

（単位　百万円）

	くら寿司	カッパ寿司	元気寿司
	2021年11月1日～2022年10月30日	2021年4月1日～2022年3月31日	2021年4月1日～2022年3月31日
売上高	183,053	67,206	44,607
親会社株主に帰属する当期純利益	744	736	1,301
平均総資産	104,305	31,828	25,426
平均自己資本	49,819	11,282	8,699

ROE（当期純利益／自己資本）	1.5%	6.5%	15.0%
ROA（当期純利益／総資産）	0.7%	2.3%	5.1%
総資産／純資産	2.1	2.8	2.9

03 赤字転落の可能性を探る

損益分岐点分析

見るべきポイント

変動費と固定費を使って損益分岐点を割り出すことで、 会社の売上高がどれくらいいいか悪いかを評価できます。

会社の売上高の成績を判断するとき、「損益分岐点分析」という手法を使うことがあります。この損益分岐点売上とは、売上のためにかかった全費用と等しくなるような売上高を言います。

例えばこの損益分岐点売上より売上高が低ければ、全費用を売上高が下回っているので赤字、上回っていれば黒字、ということです。この損益分岐点売上と比べて、現在の売上高はどれくらい上回っているか（下回っているか）が、会社の売上を評価するときの1つの基準として使われています。

さて、この損益分岐点売上は損益計算書にある数字を使って、自分で計算をする必要があります。そのために必要なのが「変動費」と「固定費」という考え方です。

変動費

売上高に比例して発生する費用

例：売上原価、仕入高、販売手数料等

固定費

売上高と関係なく一定額発生する費用

例：家賃、人件費、保険料等

そして、この変動費と固定費という考え方を使うと、「限界利益」というものが計算できます。

限界利益とは売上高から変動費を引いた利益のことを指します。この限界利益から固定費を引いたものが利益になります。

売上高—変動費＝限界利益

限界利益—固定費＝利益

ここでの最終の利益が0のときの売上高を損益分岐点売上高と言います。そして、この損益分岐点売上高が実際の売上高と比較して、どれくらいの比率にあるかが損益分岐点分析になります。式であらわすと次のようになります。

損益分岐点売上高＝固定費÷限界利益率

損益分岐点比率＝損益分岐点売上高÷実際の売上高

上の式のとおり、損益分岐点売上高とは固定費を限界利益率で割った売上高でもあります。しかし、これは式だけでは意味を理解しにくいと思いますので、少し説明します。

損益分岐点売上高は変動費と固定費が回収される売上高ですから次のようになります。

売上高 − 変動費 − 固定費 ＝ 0

（変動費 − 固定費：全費用）

損益分岐点の売上高は変動費と固定費を引いたら0になる売上です。この式を変形していくと損益分岐点売上高を算定するための式となります。

$$売上高 - 変動費 = 固定費$$

$$売上高\left(1 - \frac{変動費}{売上高}\right) = 固定費$$

$$売上高\left(\frac{売上高 - 変動費}{売上高}\right) = 固定費$$

売上－変動費＝限界利益なので、限界利益に置き換えます。

$$売上高 \times \frac{限界利益}{売上高} = 固定費$$

売上高を左辺に残すために式を変更しますと、

$$売上高 = \frac{固定費}{\frac{限界利益}{売上高}}$$

「限界利益÷売上高」は限界利益率ですから

$$売上高 = \frac{固定費}{限界利益率}$$

となります。

では実際に、この損益分岐点分析を実施してみます。

損益分岐点分析する上で実は一番困難なのは費用をどのように固

定費と変動費に分類するかです。決算書にはどの費用が変動費か固定費かは記載していないので、ざっくりと分類することにします。今回は、販売費及び一般管理費、営業外損益は固定費とします。そして、売上原価のうち労務費と経費のうちの減価償却費を固定費として、それ以外の費用を変動費と分類することにします。実際、公表されている情報から損益分岐点分析するときは、私もこのやり方で算定しています。

くら寿司

まずは「くら寿司」の2021年11月～2022年11月の個別の損益計算書と売上原価明細を利用します。他の分析と同じで連結の数字を利用していきたいところですが、連結の数字では売上原価に占める費用項目が不明であることから、「くら寿司」のみの数字を使うことにしました。

3-1　くら寿司の各利益と売上原価

売上高	149,938
売上原価	71,233
販売費及び一般管理費	81,370
営業外損益	2,754
（営業外収入－営業外費用）	
経常利益	1,164

売上原価

材料費	64,701
労務費	2,255
経費	4,276
（うち減価償却費）	104
売上原価	71,233

労務費	2,255
減価償却費	104

固定費は販売費及び一般管理費、営業外損益、売上原価の労務費、減価償却費と考えます。変動費は経常利益までの総費用から固定費を差引いた金額です。

固定費＝81,370 − 2754 + 2,255 + 104
　　　＝80,975

変動費＝総費用−固定費
　　　＝売上原価＋販売費及び一般管理費
　　　　＋営業外損益−固定費
　　　＝71,233 + 81,370 − 2,754 − 80,975
　　　＝68,874

限界利益＝売上高−変動費
　　　　＝149,938 − 68,874
　　　　＝81,064

限界利益率＝限界利益÷売上高
　　　　　＝81,064 ÷ 149,938
　　　　　＝54.1%

損益分岐点売上＝固定費÷限界利益率
　　　　　　　＝80,975 ÷ 54.1%
　　　　　　　＝149,773

損益分岐点比率＝損益分岐点売上高÷売上高
　　　　　　　＝149,973 ÷ 149,938
　　　　　　　＝100

となります。損益分岐点売上高は149 百万円で損益分岐点比率は1.00 です。これは少しでも売上高が下がると赤字になるということを意味します。売上高としては厳しい状況にあることがわかります。

元気寿司

次は、「元気寿司」の2021年3月～2022年3月の個別の損益計算書と売上原価計算書を利用したいところですが、売上原価明細がありませんので、簡易的に固定費は販売費及び一般管理費、営業外損益と考えます。

固定費＝23,054＋19

＝23,073

3-2　元気寿司の各利益と製造原価

売上高	41,082
売上原価	17,844
販売費及び一般管理費	23,054
営業外損益 （営業外収入－営業外費用）	(19)
経常利益	164

変動費＝総費用－固定費

＝売上原価＋販売費及び一般管理費

＋営業外損益－固定費

＝17,844＋23,054＋19－23,073

＝17,844

限界利益＝売上高－変動費

＝41,082－17,844

＝23,238

限界利益率＝限界利益÷売上高

＝23,238÷41,082

＝56.6％

損益分岐点売上＝固定費÷限界利益率

＝23,073÷56.6％

＝40,790

損益分岐点比率＝損益分岐点売上高÷売上高

＝40,790÷17,844

＝0.99

となります。損益分岐点売上高は40,790百万円で損益分岐点比率0.99です。これは1％売上高が下がると赤字になるということを意味なので、売上は厳しい状況です。

2社比較

せっかくですから2社の比較をしてみましょう（下の図）。損益分岐点比率は「くら寿司」と「元気寿司」ともに1に近く、少しでも売上が落ちると利益がマイナスとなっており、両者とも売上は費用構造からすると厳しい状況と考えられます。

3-3　くら寿司と元気寿司の損益分岐点分析

	くら寿司	元気寿司
変動費	68,874	17,844
固定費	80,975	23,073
限界利益	81,064	23,238
限界利益率	54.1%	56.6%
損益分岐点売上	149,773	40,790
損益分岐点比率	1.00	0.99

04 おカネを生み出す力をはかる
CFマージン率

見るべきポイント
売上規模に対しての営業活動によるキャッシュ・フローを比べることで、おカネを稼ぐ力を比べます。

会社は結局どれだけおカネを稼げるかを見ることですから、このキャッシュ・フローに関する比率を簡単に見ておきます。

キャッシュ・フローマージン率

キャッシュ・フローマージン率は、

$$\text{キャッシュフロー・マージン率} = \frac{\text{営業活動によるキャッシュ・フロー}}{\text{売上高}}$$

具体的に各社の比率を見てみます（次ページ図）。

売上から、キャッシュを生む力は「元気寿司」が9%と高い比率を示し、次いで、「くら寿司」の5%が続いて、最後が「カッパ寿司」です。カッパ寿司は前期のマイナスより回復しておりますし、「元気寿司」「くら寿司」も前期より回復していることがわかります。

4-1　キャッシュ・フローマージン率

くら寿司

（単位　百万円）

	2020年11月1日～ 2021年10月31日	2021年11月1日～ 2022年10月31日
売上高	147,592	183,053
営業活動によるキャッシュ・フロー	4,738	9,944
キャッシュフローマージン率	3.2%	5.4%

カッパ寿司

	2020年4月1日～ 2021年3月31日	2021年4月1日～ 2022年3月31日
売上高	64,881	67,206
営業活動によるキャッシュ・フロー	△538	2,577
キャッシュフローマージン率	-0.8%	3.8%

元気寿司

	2020年4月1日～ 2021年3月31日	2021年4月1日～ 2022年3月31日
売上高	38,252	44,607
営業活動によるキャッシュ・フロー	1,599	4,026
キャッシュフローマージン率	4.2%	9.0%

営業活動によるキャッシュ・フロー対総資産

営業活動によるキャッシュ・フロー対総資産は、

$$営業キャッシュフロー対総資産 = \frac{営業活動によるキャッシュ・フロー}{総資産}$$

4-2　営業活動によるキャッシュ・フロー対総資産

くら寿司

（単位　百万円）

	2020年11月1日〜 2021年10月31日	2021年11月1日〜 2022年10月31日
平均総資産	92,046	104,305
営業活動によるキャッシュ・フロー	4,738	9,944
営業キャッシュフロー／総資産	5.1%	9.5%

カッパ寿司

	2020年4月1日〜 2021年3月31日	2021年4月1日〜 2022年3月31日
平均総資産	30,467	31,828
営業活動によるキャッシュ・フロー	△538	2,577
キャッシュフロー／総資産	-1.8%	8.1%

元気寿司

	2020年4月1日〜 2021年3月31日	2021年4月1日〜 2022年3月31日
平均総資産	22,212	25,426
営業活動によるキャッシュ・フロー	1,599	4,026
キャッシュフロー／総資産	7.2%	15.8%

投資した資産でキャッシュをどれだけ稼ぐかでは、「元気寿司」は15%で高く、「くら寿司」も9%とカッパ寿司も8%の数値を示しています。3社とも前期と比較して回復していることがわかります。ただ、営業キャッシュフローには国から支援による助成金も含まれていることから、稼ぐ力が戻ってきていると判断できるかは難しいところです。

05 安全性の変化から経営状況を掴む
BSの２期比較

見るべきポイント
貸借対照表を使って、総合的に会社の安全性を分析していきます。前年からの変化を手がかりに、経営状況を推理していきます。

安全性を見るときに中心となるのが、会社の財政状況をあらわす貸借対照表です。

前年の決算書と比較することで、負債と純資産の項目で「どのような方法でおカネを増やし」、資産の項目で「増やしたおカネをどこに利用した」のかがわかります。

ここでひとつ、貸借対照表を見るときのコツがあります。

増減を見るときは、最初から科目毎に増減を見るよりは、以下のような順番で見ていく方がいいと思います。

①総資産金額、負債金額、純資産金額の増減
②流動資産、有形固定資産、無形固定資産、投資その他の資産、流動負債、固定負債の増減
③科目の増減

まずは大きな項目で増減を確かめ、その理由を探るために大きな項目から小さな項目へと視点を移していくのです。

増減を見た後は、各金額の構成比率（総資産に占める割合）を計

算して、同様に前年の数値と比較します。比率に変化があるとき、どの科目が影響を与えているか考えていきます。

くら寿司

①資金の調達額と投資額を前年と比べる

次ページ図を見てください。前期負債金額は443億円で、当期負債金額は506億円です。負債での資金調達を63億円増やしています。

前期の純資産金額は546億円と当期は589億円ですから、純資産での資金調達は43億円増やしています。

この調達したおカネは主に、どこに使われたのでしょうか。

流動資産合計額と固定資産合計額を前期と比べてみると、流動資産では63億円を減らし、一方の固定資産へ169億円へと大幅に投資を増やしています。

②資金の調達元と投資先を詳しく見る

まずは負債からです。①で負債が63億円増えていることがわかりましたが、その原因は、流動負債合計は6億円減り、固定負債合計は69億円増えています。なるべく資金調達は流動負債より支払期限が長い固定負債での調達を増やしているとも考えられます。

次に、増えた固定資産169億円の内訳はなにかを見てみます。

見てみると、まず有形固定資産に155億円投資を増やしています。そして無形固定資産への投資3億円と、投資その他資産へ11億円を投資しています。

5-1 【くら寿司】貸借対照表

（単位　百万円）

	2021年10月31日		2022年10月31日		
	金額	比率	金額	比率	増減金額
資産の部					
流動資産					
現金及び預金	18,748		13,169		△5,579
売掛金	3,554		4,642		1,088
原材料及び貯蔵品	1,798		2,410		612
その他	5,363		2,895		△2,468
流動資産合計	29,464	30%	23,118	21%	△6,346
固定資産					0
有形固定資産					0
建物および構築物	26,096		32,175		6,079
機械装置及び運搬具	2,292		2,624		332
土地	4,836		5,240		404
リース資産	5,320		6,168		848
使用権資産	14,791		20,690		5,899
その他	3,406		5,369		1,963
有形固定資産合計	56,744	57%	72,269	66%	15,525
無形固定資産					
リース資産	224		289		65
その他	675		961		286
無形固定資産合計	899	1%	1,251	1%	352
投資その他の資産					
長期貸付金	4,380		4,687		307
繰延税金資産	531		327		△204
差入保証金	6,132		6,710		578
その他	836	1%	1,254	1%	418
投資その他の資産合計	11,881	12%	12,982	12%	1,101
固定資産合計	69,525	70%	86,503	79%	16,978
資産合計	98,989	100%	109,621	100%	10,632
負債の部					
流動負債					
買掛金	6,086		6,609		523
短期借入金	805		0		△805
リース債務	2,996		4,316		1,320
未払金	6,885		7,566		681
未払法人税等	2,676		587		△2,089
その他	3,745		3,482		△263
流動負債合計	23,195	23%	22,561	21%	△634
固定負債					
リース債務	18,149		24,196		6,047
資産除去債務	2,371		2,731		360
その他	616		1,164		548
固定負債合計	21,136		28,092		6,956
負債合計	44,332	45%	50,654	46%	6,322
純資産の部					
株主資本	47,802		48,064		262
その他の包括利益累計額	435		2,193		1,758
新株予約券	354		787		433
被支配株主持分	6,065		7,921		1,856
純資産合計	54,657	55%	58,967	54%	4,310
負債純資産合計	98,989	100%	109,621	100%	10,632

③科目ごとの変化を追って、具体的な会社の動きを予想する

各科目の動きを見ていきましょう。

②で流動負債が6億円減っています。未払法人税を大きく減らし、20億円の負債を減らしていますが、リース資産を購入するための資金調達であるリース債務は13億円増やしています。

次に固定負債の変化を見てみると、流動負債のリース債務と同様に、リース債務を60億円増やしていることがわかります。リース債務は流動と固定に分かれていますが合わせて73億円をリース債務で資金調達を増やしています。金融機関からの借入でなくリースを利用して資金調達を増やしていることがわかります。

次は資産です。②で有形固定資産は155億円増えていたことがわかりましたが、その内容を見ると「建物および構築物」が60億円、使用権資産が58億円増加しているなど、有形固定資産の科目はすべて増加していることがわかります。また、投資その他の資産の中にある、差入保証金（賃貸時の保証金）も5億円増加していることから、店舗関係の設備投資を活発にしていることが考えられます。

流動資産では63億円減少しており、55億円現預金が減っています。店舗等の資産への活発な投資をリース債務等での負債で調達するだけでなく、手元の現預金を利用して投資を増やしたとも考えられます。

項目の比率は現預金が減少したことから、流動資産の比率が30%から21%と比率が減少して、その分店舗等による固定資産の比率が70%から79%と、9%増加しています。

カッパ寿司

①資金の調達額と投資額を前年と比べる

負債合計を見ると、210億円から199億円と負債金額を11億円減らしています。また、純資産金額も109億円から458億円と5億円減少しており、資金調達よりも、資金返済に努めているようです。

②資金の調達元と投資先を詳しく見る

では、この返済の原資として、どのような資産項目を減らしているかを見ていきます。

流動資産合計は9億円増えていますが、固定資産合計は12億円減らしています。この固定資産の減少をもう少し細かく見ると、有形固定資産は11億円減少し、投資その他の資産が1億円減少しています。キャッシュフロー計算書によると有形固定資産による売却収入が12億円ほどありましたので、売却収入で負債の返済をすすめているとも考えられます。

③科目ごとの変化を追って、具体的な会社の動きを予想する

科目毎に見ると、建物および構築物は5億円減少し、土地も7億円減少していることから店舗投資より、売却をすすめて有形固定資産が減少していると考えられます。他の固定資産の科目の多くも前期と比較して減少していることから、投資を減らしているようです。

負債側に目を向けると、短期借入金が前期と比較して40億円減少しています、その分長期借入金が48億円増えており、資金調達を短期から長期へと返済期間を延ばすことができているものと考えられます。今期は投資を抑えて、借入も長期へと変換して安全性を高めているとも考えられます。

5-2 【カッパ寿司】貸借対照表

（単位　百万円）

	2021年3月31日		2022年3月31日		
	金額	比率	金額	比率	増減金額
資産の部					
流動資産					
現金及び預金	7,924		9,407		1,483
売掛金	3,367		3,031		△336
商品及び製品	326		337		11
原材料及び貯蔵品	307		344		37
その他	1,827		1,565		△262
貸倒引当金	△4		0		4
流動資産合計	13,749	43%	14,685	46%	936
固定資産					
有形固定資産					
建物および構築物	27,320		26,794		△526
機械装置及び運搬具	5,235		5,525		290
工具器具及び備品	6,714		7,123		409
土地	2,355		1,645		△710
リース資産	1,625		1,481		△144
建設仮勘定	3		1		△2
減価償却累計額	△31,090		△31,555		△465
有形固定資産合計	12,164	38%	11,015	35%	△1,149
無形固定資産					
無形固定資産合計	263	1%	251	1%	△12
投資その他の資産					
投資有価証券	852		850		△2
敷金及び保証金	4,297		4,001		△296
繰延税金資産	489		607		118
その他	137		210		73
貸倒引当金	△6		△9		△3
投資その他の資産合計	5,767	18%	5,661	18%	△106
固定資産合計	18,195	57%	16,928	53%	△1,267
繰延資産					
社債発行費	63		34		
繰延資産合計	63		34		
資産合計	32,007	100%	31,648	100%	△359
負債の部					
流動負債					
買掛金	3,337		2,851		△486
短期借入金	4,000		0		△4,000
1年以内返済予定の長期借入金	180		980		800
1年以内償還予定の社債	1,720		1,015		△705
未払金	2,416		2,018		△398
未払費用	1,547		1,501		△46
リース債務	110		66		△44
未払法人税等	103		182		79
賞与引当金	116		110		△6
株主優待引当金	185		149		△36
店舗閉鎖損失引当金	2		0		△2
その他	779		614		△165
流動負債合計	14,497	45%	9,491	30%	△5,006
固定負債					
社債	2,185		1,170		△1,015
長期借入金	730		5,550		4,820
長期未払金	1,946		1,998		52
リース債務	81		15		△66
資産除去債務	1,465		1,544		79
その他	133		150		17
固定負債合計	6,542	20%	10,429	33%	3,887
負債合計	21,040	66%	19,921	63%	△1,119
純資産の部					
株主資本	10,932		11,678		746
その他の包括利益累計額	△2		△44		△42
被支配株主持分	37		93		56
純資産合計	10,967	34%	11,727	37%	760
負債純資産合計	32,007	100%	31,648	100%	△359

各項目の比率について見ると、借入金の短期から長期への転換によって流動負債比率が45％から30％へと15％減少して、固定負債比率20％から33％へと13％減少しています。

元気寿司

①資金の調達額と投資額を前年と比べる

次ページ図を見ると、負債合計は17億円増加、純資産は12億円増加していることから、資金調達を増やしていることがわかります。そして、調達した資金で資産を29億円増やしています。

②資金の調達元と投資先をくわしく見る

負債の増加額の内訳は、流動負債は前期より4億円、固定負債は12億円増やして資金調達しています。この増やした調達資金をどこに投資したのかを見てみると、流動資産へ19億円、固定資産へ10億円投資が増えています。

③科目ごとの変化を追って、具体的な会社の動きを予想する

固定資産の増加の内訳を見ると、有形固定資産へ5億円、投資その他の資産へ4億円と投資を増やしていることがわかります。有形固定資産の科目を見ても、建物および構築物をはじめとして各科目が増加していますし、投資その他の資産にある敷金及び保証金（賃貸時の保証金）が増えていることから、店舗投資へ振り向けていると考えられます。

負債側を見ると前期と比較して、長期借入金は6億円増加し、リース債務（固定負債）5億円増加させています。

各項目の比率について見ると、大きな変化はありません。

5-3 【元気寿司】貸借対照表

（単位　百万円）

	2021年3月31日		2022年3月31日		
	金額	比率	金額	比率	増減金額
資産の部					
流動資産					
現金及び預金	5,261		6,995		1,734
売掛金	922		1,148		226
商品及び製品	397		449		52
原材料及び貯蔵品	107		76		△31
その他	687		652		△35
貸倒引当金	△12		△13		△1
流動資産合計	7,364	31%	9,308	35%	1,944
固定資産					0
有形固定資産					0
建物および構築物	9,471		10,172		701
機械装置及び運搬具	316		316		0
土地	700		700		0
リース資産	7,445		8,035		590
その他	1,592		1,720		128
減価償却累計額	△9,860		△10,738		△878
有形固定資産合計	9,666	40%	10,207	38%	541
無形固定資産					
借地権	60		65		5
その他	451		494		43
無形固定資産合計	512	2%	559	2%	47
投資その他の資産					
投資有価証券	32		32		0
差入保証金	4,040		4,510		470
繰延税金資産	1,268		1,366		98
投資不動産	581		410		△171
減価償却累計額	△284		△235		49
その他	760		751		△9
貸倒引当金	0		0		0
投資その他の資産合計	6,398	27%	6,834	25%	436
固定資産合計	16,577	69%	17,601	65%	1,024
資産合計	23,942	100%	26,910	100%	2,968
負債の部					
流動負債					
買掛金	1,607		1,876		269
1年内返済予定の長期借入金	1,498		1,035		△463
リース債務	1,009		1,063		54
未払費用	1,292		1,502		210
未払法人税等	53		358		305
賞与引当金	202		246		44
ポイント引当金	33		0		△33
転貸損失引当金	7		7		0
資産除去債務	15		18		3
その他	1,531		1,636		105
流動負債合計	7,249	30%	7,743	29%	494
固定負債					0
長期借入金	3,284		3,961		677
リース債務	4,572		5,095		523
長期リース資産減損勘定	24		15		△9
転貸損失引当金	14		7		△7
繰延税金負債	679		730		51
その他	19		53		34
固定負債合計	8,596		9,863		1,267
負債合計	15,846	66%	17,607	65%	1,761
純資産の部					0
株主資本	8,199		9,285		1,086
その他の包括利益累計額	△102		16		118
純資産合計	8,096	34%	9,302	35%	1,206
負債純資産合計	23,942	100%	26,910	100%	2,968

3社比較

「くら寿司」は前期と比較して負債と自己資本両方で資金を調達しています。そして、調達した資金で有形固定資産を増やしていて、積極的に店舗投資をしていることがわかります。投資金額も他社と比較しても多額な投資を行っていることがわかります。投資金額をみても、店舗や売上規模について、今後とも他の2社が追い付くのは相当難しいと考えられます。

「カッパ寿司」は、固定資産の売却をすすめており、店舗投資についてはやや足踏み状態であります。負債の方も減少させていることから、投資を減らして負債を減少させている状態と考えられます。

「元気寿司」は、当期は借入金を増加させ、投資を増やしています。固定資産も10億円増やし、有形固定資産投資も5億円増やしていますが、「くら寿司」が169億円増やしているのと比較すると投資を増やした金額が一桁違っています。

06 財政基盤の変化を見る
自己資本比率

見るべきポイント
もっとも安全な資金源である純資産（自己資本）が、どれだけあるのか調べます。割合が低い場合は、負債への依存度が高く危険な状態です。

安全性を見る代表的な指標が自己資本比率です。この自己資本比率は次の算式で算定されます。

$$自己資本比率 = \frac{純資産}{総資産} \times 100$$

総資産にどれだけ純資産の割合を占めているかということです。自己資本比率が高いほど、純資産が多く、結果として、負債が少ないことから、潰れにくいことになります。

３社の自己資本比率は次のとおりです（次ページ図）。
「くら寿司」の自己資本比率は2021年10月時点では49％で、2022年10月時点では46％と3％程度減少しています。ただ、自己資本比率そのものは50％近いことから、高い比率にあると考えます。
「カッパ寿司」の自己資本比率は2021年3月時点では34％で、2022年3月時点では36％と上昇はしており、やや高めの比率にあると考えます。
「元気寿司」の自己資本比率は2021年3月時点で33％と、2022年3

6-1　自己資本率比較

くら寿司

（単位　百万円）

	2021年10月31日	2022年10月31日
被支配株主持分	6,065	7,921
純資産	54,657	58,967
総資産	98,989	109,621
自己資本比率	49.1%	46.6%

カッパ寿司

	2021年3月31日	2022年3月31日
被支配株主持分	37	93
純資産	10,967	11,727
総資産	32,007	31,648
自己資本比率	34.1%	36.8%

元気寿司

	2021年3月31日	2022年3月31日
被支配株主持分	0	0
純資産	8,096	9,302
総資産	23,942	26,910
自己資本比率	33.8%	34.6%

月時点でも34％と大きく変化していません。

3社を比較すると、自己資本比率は、「くら寿司」が50％近い自己資本比率と高い安全性が確保されています。カッパ寿司と元気寿司は30％台と低くはないですが、安全性では「くら寿司」と比較して低いと考えられます。

07 返済能力から経営状況を掴む
流動比率と当座比率

見るべきポイント
おカネに換えやすい流動資産の量を確かめ、 流動負債の返済に問題が生じていないかを判断します。

会社が潰れてしまうのは負債の支払ができないためです。その支払の能力がどの程度あるかを見る指標が流動比率や当座比率となります。

流動比率

$$流動比率 = \frac{流動資産}{流動負債} \times 100$$

流動比率は1年以内に回収される資産である流動資産と、1年以内に支払が必要となる流動負債との比率です。流動負債は資産が回収されたおカネで支払う必要があることから、流動資産は流動負債をより大きいほうがいいことになります。安全面では、大きければ大きいほどいいことになります。

当座比率

$$流動負債 = \frac{当座資産}{流動負債} \times 100$$

当座資産は流動資産の中でも、よりおカネに換金化しやすい資産のことです。具体的には、現金預金、売掛金、受取手形、短期所有の有価証券です。これらの資産は、即時におカネに変えることができるものです。売掛金はファクタリング等で現金化できますし、受取手形も金融機関で割り引くことで現金化できます。有価証券も市場で売却することで現金化できます。

このように即座に換金化できる資産と流動負債を比較している指標が当座比率です。

各社の流動比率（次ページ図）

「くら寿司」の流動比率は21年10月が127％で、2022年10月102％と若干ですが流動比率が下がっています。原因としては流動負債は減少しているものの、それ以上に流動資産が減少しているためです。ただ、両年度ともに100％を超えており、高い比率にあると考えます。

「カッパ寿司」の流動比率は2021年3月が94％で、2022年3月154％と大きく流動比率が上昇しており、より安全性が高まったと言えるでしょう。流動負債が144億円から94億円と大きく減らしたことが原因です。安全性はより高い傾向になったと考えます。

「元気寿司」の流動比率は2021年3月が101％で、2022年3月120％と流動比率は大きく上昇しています。こちらは流動資産が20億円増加したことが原因です。

3社を比較すると「カッパ寿司」の流動比率が154％と他の2社と比較して高い比率になっています。ただ、3社とも100％を超えており、流動性比率から見ると3社とも安全性は高いと考えられます。

ただ、3社とも外食産業であり、受取手形や売掛金は少なく、毎日現金が入ってくるいわゆる「日銭商売」であることから、支払に困る可能性は低いため、現金預金を保有するよりも、投資等に有効に

7-1　流動比率比較

くら寿司

（単位　百万円）

	2021年10月31日	2022年10月31日
流動資産	29,464	23,118
流動負債	23,195	22,561
流動比率	127.0%	102.5%

カッパ寿司

	2021年3月31日	2022年3月31日
流動資産	13,749	14,685
流動負債	14,497	9,491
流動比率	94.8%	154.7%

元気寿司

	2021年3月31日	2022年3月31日
流動資産	7,364	9,308
流動負債	7,249	7,743
流動比率	101.6%	120.2%

使ってもよいとは考えますが、コロナの影響もあり現預金をためて、安全性を確保しているのかもしれません。

各社の当座比率（次ページ図）

「くら寿司」の当座比率は2021年10月が96％で、2022年10月78％と当座比率が下がっています。現金預金が減少しており、その点では少し安全性が下がったと言えるでしょう。

「カッパ寿司」の当座比率は2021年3月が77％で、2022年3月138％と当座比率は上昇しており、安全性が高まったと言えるでしょう。流動比率同様に流動負債の減少により当座比率も高まっています。

「元気寿司」の当座比率は2021年3月が85％で、2022年3月105％と当座比率が上昇しています、安全性高まっています。この原因は、流動比率と同様に、流動負債が増加以上に現金預金が増加していると考えられます。

3社を比較すると「カッパ寿司」、「元気寿司」の当座比率は100％を超えています。「くら寿司」は2021年10月が100％近かったのですが、2022年100％を切っています。安全性はさがっていますが、下さがった原因は現金現金の減少です。ただ、活発な投資を支えるべく資金調達だけでなく、保有している現金預金を利用しているとも考えられ、必ずしも悪いわけでないとも考えることが可能です。

7-2　当座比率比較

くら寿司

（単位　百万円）

	2021年10月31日	2022年10月31日
現金及び預金	18,748	13,169
売掛金	3,554	4,642
有価証券	0	0
当座資産計	22,302	17,811
流動負債	23,195	22,561
当座比率	96.2%	78.9%

カッパ寿司

	2021年3月31日	2022年3月31日
現金及び預金	7,924	9,407
売掛金	3,367	3,031
有価証券	0	681
当座資産計	11,291	13,119
流動負債	14,497	9,491
当座比率	77.9%	138.2%

元気寿司

	2021年3月31日	2022年3月31日
現金及び預金	5,261	6,995
売掛金	922	1,148
有価証券	0	0
当座資産計	6,183	8,143
流動負債	7,249	7,743
当座比率	85.3%	105.2%

08 長期の投資バランスを見る
固定長期適合比率

見るべきポイント
資金化が長期になる固定資産への投資を正しく行えているのか確かめます。

固定資産へ投資したおカネは、回収が長期となる傾向にあります。そのため、固定資産に投資するためのおカネは、返済が長期で済む資金で調達したほうが安全です。そこで、固定資産が返済の必要のない自己資本と返済が長期で済む固定負債で、どれだけ投資できているかを見るための指標が固定長期適合率となります。式は次のとおりになります。

$$\text{固定長期適合比率} = \frac{\text{固定資産}}{\text{自己資本（株主資本）＋固定負債}} \times 100$$

比率が100％を下回れば、返済の必要のない自己資本と返済が長期の固定負債で調達してきたおカネが投資されており、安全性としては高いことになります。

次ページ表を見ると、「くら寿司」の固定長期適合比率は2022年10月は109％であり、100％を超えています。2021年10月は99％と100％前後です。

「カッパ寿司」の固定長期適合比率も2021年3月は104％でしたが2022年3月も76％と100％を下回ることができています。

「元気寿司」の固定長期適合比率は2021年3月は99％であり、2022

年3月は91%ともに100%を下回っています。

3社を比較すると「カッパ寿司」と「元気寿司」は100%と固定資産の資金は株主資本と固定負債でほぼまかなえていることがわかります。

8-1　固定長期適合率比較

くら寿司

（単位　百万円）

	2021年10月31日	2022年10月31日
有形固定資産	56,744	72,269
無形固定資産	899	1,251
投資その他の資産	11,881	12,982
固定資産計	69,524	86,502
固定負債	21,136	28,092
自己資本	48,592	51,046
固定長期適合比率	99.7%	109.3%

カッパ寿司

	2021年3月31日	2022年3月31日
有形固定資産	12,164	11,015
無形固定資産	263	251
投資その他の資産	5,767	5,661
固定資産計	18,194	16,927
固定負債	6,542	10,429
自己資本	10,930	11,634
固定長期適合比率	104.1%	76.7%

元気寿司

	2021年3月31日	2022年3月31日
有形固定資産	9,666	10,207
無形固定資産	512	559
投資その他の資産	6,398	6,834
固定資産計	16,576	17,600
固定負債	8,596	9,863
自己資本	8,096	9,302
固定長期適合比率	99.3%	91.8%

09 借入との付き合い方を見る
債務償還年数

見るべきポイント
有利子負債を長く抱えていると、利子の分だけ負担が重くなっていきます。会社が何年で有利子負債を返せるのかを調べます。

債務償還年数

利子を支払うべき負債である有利子負債に関係する指標を見ていくことにします。まず債務償還年数から見ていきます。

$$\text{有利子負債償還年数} = \frac{\text{有利子負債}}{\text{営業活動によるキャッシュ・フロー}}$$

すでに借入金の償還年数で説明していますが、借入金等の有利子負債が営業活動によるキャッシュ・フローでどれだけの年数で返済できるかを見る指標です。年数が短期であるほど、安全性は高いことになります。

次ページの図から「くら寿司」は2021年10月では3年で、2022年10月の1.6年と比較すると減少しており、有利子負債は増えているものの、営業活動によるキャッシュ・フローが増えていることから、返済能力に問題はないです。

「カッパ寿司」は2021年3月は営業キャッシュ・フローがマイナスなため検討できません。2022年3月は償還年数は5年を下回っています。2022年3月は有利子負債は減少し、営業活動によるキャッシュ・フローは増えており、返済能力は問題ないといえます。「元気寿司」の償還年数は2021年3月期6.5年、2022年3月期では2.8年の償還年数は減っています。「元気寿司」も有利子負債は増えていますが、それ以上に営業活動によるキャッシュ・フローが増えており、結果として償還年数は減っています。

9-1　債務償還年数比較

くら寿司

（単位　百万円）

	2020年11月1日～ 2021年10月31日	2021年11月1日～ 2022年10月31日
有利子負債	14,094	15,998
営業活動によるキャッシュ・フロー	4,738	9,944
償還年数	3.0	1.6

カッパ寿司

	2020年4月1日～ 2021年3月31日	2021年4月1日～ 2022年3月31日
有利子負債合計	12,004	11,766
営業活動によるキャッシュ・フロー	△538	2,577
償還年数	-22.3	4.6

元気寿司

	2020年4月1日～ 2021年3月31日	2021年4月1日～ 2022年3月31日
有利子負債合計	10,364	11,154
営業活動によるキャッシュ・フロー	1,599	4,026
償還年数	6.5	2.8

インタレストカバレッジレシオ

インタレストカバレッジレシオという指標も紹介しておきましょう。

企業の支払利息の支払能力を見るときに使います。

$$
\text{インタレスト・カバレッジ・レシオ} = \frac{\text{営業利益}+\text{受取利息}+\text{受取配当金}}{\text{支払利息}}
$$

営業利益と受取利息と配当金の金額が支払利息の何倍になるかをあらわしています。1をきれば、支払利息を営業利益等で支払えないことになりますが、利息を払えない企業に金融機関は貸し付けませんから、安全性が極めて低いということになります。

一般的には10を超えていると支払能力は高いと言われています。次ページ図から「くら寿司」の場合、2021年10月、2022年10月ともに営業利益がマイナスのため、マイナスとなっておりますので、そもそも利息を支払える営業利益がないということとになります

「くら寿司」の場合も2021年3月期、2022年3月期もマイナスで、こちらも利息を支払える能力がないと考えられます。

「元気寿司」の場合は、2021年3月はマイナスですが、2022年3月期は3となっているものの、利息の支払能力は低いと判断されます。

3社ともインタレストカバレッジレシオを見る限りは利息支払能力に低いと考えられます。こちら、コロナの影響で営業利益が低いことに問題があると考えます。その一方で、先ほどの有利子負債÷営業活動キャッシュフローでは特に問題はない数値でした。こちら営業キャッシュフローには国の支援の助成金収入が含まれていることでお金を稼ぐことができたことで、返済能力に問題ない数値となっています。国の支援はかなり大きいと考えます。

9-2 インタレストカバレッジレシオ比較

くら寿司

（単位　百万円）

	2020年11月1日〜 2021年10月31日	2021年11月1日〜 2022年10月31日
営業利益	△ 2,415	△ 1,113
受取利息及び配当金	49	73
支払利息	161	223
インタレスト・カバレッジ・レシオ	△ 15	△ 5

カッパ寿司

	2020年4月1日〜 2021年3月31日	2021年4月1日〜 2022年3月31日
営業利益	△ 1,572	△ 2,113
受取利息及び配当金	96	90
支払利息	63	116
インタレスト・カバレッジ・レシオ	△ 23	△ 17

元気寿司

	2020年4月1日〜 2021年3月31日	2021年4月1日〜 2022年3月31日
営業利益	△ 452	265
受取利息及び配当金	29	31
支払利息	91	93
インタレスト・カバレッジ・レシオ	△ 5	3

10 おカネを回収する能力を見る
売上債権回転期間など

見るべきポイント
売上債権の回収、 棚卸資産の出荷がどれくらいの期間で回っているかを調べることで、 安全性をはかることができます。

回転期間分析は売上債権がどれくらいの期間で回収できるのか、また棚卸資産がどれくらいの期間で出荷されているのかを見るものです。

この期間が長いほどおカネの回収までが長くなることから会社の安全性は低くなることになります。

$$売上債権回転期間 = \frac{売上債権}{平均月商（売上高 \div 12）}$$

$$棚卸資産回転期間 = \frac{棚卸資産}{平均月商（売上高 \div 12）}$$

※平均月商でなく、平均日商（売上高÷ 365）を使うこともある

具体的な各社の比率は次ページ図のようになります。

3社とも売上債権、棚卸資産が少なく、回転期間も1ヶ月未満のため、特に安全上問題はないと考えられます。

10-1（売上債権回転期間）

くら寿司　　（単位　百万円）

	2020年11月1日～ 2021年10月31日	2021年11月1日～ 2022年10月31日
売上高	147,592	183,053
売掛金	3,554	4,642
売上債権回転期間	0.3	0.3

カッパ寿司

	2020年4月1日～ 2021年3月31日	2021年4月1日～ 2022年3月31日
売上高	64,881	67,206
売掛金	3,367	3,031
売上債権回転期間	0.6	0.5

元気寿司

	2020年4月1日～ 2021年3月31日	2021年4月1日～ 2022年3月31日
売上高	38,252	44,607
売掛金	922	1,148
売上債権回転期間	0.3	0.3

10-2（棚卸資産回転期間）

くら寿司　　（単位　百万円）

	2020年4月1日～ 2021年3月31日	2021年4月1日～ 2022年3月31日
売上高	147,592	183,053
棚卸資産	1,798	2,410
棚卸資産回転期間	0.1	0.2

カッパ寿司

	2020年4月1日～ 2021年3月31日	2021年4月1日～ 2022年3月31日
売上高	64,881	67,206
棚卸資産	633	681
棚卸資産回転期間	0.1	0.1

元気寿司

	2020年4月1日～ 2021年3月31日	2021年4月1日～ 2022年3月31日
売上高	38,252	44,607
棚卸資産	504	525
棚卸資産回転期間	0.2	0.1

まとめ

各社を分析しましたが、その分析を各社ごとにROAと自己資本比率を中心でまとめると次のようになります。

くら寿司

収益力の面からは、ROA（親会社株主に帰属する当期純利益÷総資産）は0.7％と1％を満たしておらず、前期の2.1％と比較しても減少しており収益力は低くなっています。売上高は1830億円と前期の1475億円と比較して8％増加しています。売上高が増加している中、親会社株主に帰属する当期純利益率は0.7％と減少しています。一方、総資産回転率も1.75と増加していることから、保有する資産で売上を獲得する力は増えているものの、利益率は低くなっています。

安全性の面では、自己資本比率は46％と高く、借入金等の負債比率は低いです。入金等の有利子負債と営業活動キャッシュ・フローを比較しても、償還年数で2年に満たず安全性には問題ありません。「くら寿司」高い安全性に支えられながら積極的に投資をしています。積極的に投資をして売上は増やしているものの、まだその売上が利益に結びついていない状況かもしれません。コロナの影響が納まるにつれて売上の利益率が高まることでROAも回復してくる可能性があると考えます。

カッパ寿司

ROA（親会社株主に帰属する当期純利益÷総資産）は1.1％と高くありません。前期と比較するとマイナスから回復しているものの、十分に回復していると言えません。売上高は672億円と前期の

648億円から3%ほど増加しています。親会社株主に帰属する当期純利益率も1%と前期のマイナスより回復しています。総資産回転率は、若干ですが減少していますが、利益率が高まったことから収益力が高まっています。

自己資本比率は48%と、およそ50%ほどで安全性は高いでしょう。

有利子負債と営業キャッシュ・フローでの償還年数も4年と有利子負債金額も収益力と比較して少額であると言えます。

安全面では問題はないが、他社と比較すると売上高の増加率も低く、固定資産の売却を進めて投資を減らし、負債をすすめており、2022年3月は保守的な経営をしているとも考えられます。

元気寿司

ROA（親会社株主に帰属する当期純利益÷総資産）は5%と3社の中で一番高いです。前期がマイナスであったことと比較すると、収益力は急回復しています。売上高そのものは446億円と前期の382億円から16%増加しています。親会社株主に帰属する当期純利益率も2.9%と前期のマイナスと比較して回復しています。資産回転率の変化はあまりありません。投資の増加に応じて売上高は増加し、売上増加とともに利益も回復してきており、収益力が高くなってきています。

自己資本比率は34%であり、低い数値ではありません。

有利子負債も営業キャッシュ・フローでの償還年数も3年未満と有利子負債も収益力と比較して少額と言えます。

3社のなかでは売上規模を一番小さく、規模が小さいがゆえに、他社の2社と比較して早く収益力が回復してきていると考えられます。

以上が具体的な分析手法を使って決算書を読む方法です。おおまかに言えば、次の２点が軸になります。

①決算書の「金額」「利益率」や「構成比率」の増減比較を最初に行い、その変化の原因はなぜだろうと考える

②次に、収益性と安全性を理解する目的に適った各種の分析手法を用いながら、会社がどのレベルにあるのか、過去や他社と比較して、変化の原因はなぜだろうと考える

私の決算書の読み方もこのような感じです。6章の読み方で単年度を見て、その後前期の損益計算書、貸借対照表、ときにはキャッシュ・フロー計算書と比較します。そして、その後、この章で説明した経営分析手法をいくつか使っていきます。比較は会社の前期以前と比較することが多く、他社比較は必要に応じて実施します。

なお、今回は比較分析に2期間しか使っていませんが、これを増やして5期分、多い時は10期分を横に並べて、どの項目が変化しているかを把握することで会社をより理解できます。

数値そのものを見るより、会社の決算書の数値、分析数値、そしてその数値の変化を見て、想像力を働かせて、会社の状況を理解することが決算書を読む早道だと思います。実際、数値を見て想像力を働かせることができるようになるには、何度も決算書を読む経験を積む必要がありますが、最初は6章で説明している読み方を続けて慣れていただき、次にこの章にあるより本格的な分析をしていくことをお勧めします。

第8章 決算書をもっと上手に利用するために

01 様々な会社の決算書を入手しよう

最後となるこの章では、これまで説明してきた企業分析を実践するために役立つ情報を紹介していきます。

まずひとつは、損益計算書、貸借対照表等の決算情報はそもそもどこから得られるのか。

そして次に、決算書以外の会社の情報がどこにあるのかといったことを説明します。

とくにこの決算情報以外の情報を得ることは大切です。決算書というのは会社を知るための1つのツールでしかありません。他の背景知識を集めて、それと決算書を合わせて見ることで、決算書だけでは知りえなかった情報が見えてくるのです。

決算情報の情報源

①決算短信

この決算短信は、一般的な手段のなかでも最も早い段階で、会社の事業や決算状況を知ることができる資料です。

情報の内容としては、会社の経営状況、財政状況、会社の業績予想などがあります。この決算短信のなかには、貸借対照表、損益計算書、キャッシュ・フロー計算書が含まれています。

決算短信は、上場会社が決算期、または3ヶ月に1回のタイミングで会社の状況を報告するために作成する情報です。3ヶ月に1回のタイミングで作成報告される決算短信は四半期決算短信と呼ばれて

1-1　決算短信サンプル

2022年10月期 決算短信〔日本基準〕（連結）

2022年12月12日

上場会社名　くら寿司株式会社　　上場取引所　東
コード番号　2695　URL https://www.kurasushi.co.jp/
代表者　（役職名）代表取締役社長　（氏名）田中 邦彦
問合せ先責任者　（役職名）取締役経理本部長　（氏名）津田 京一　TEL 072-493-6189
定時株主総会開催予定日　2023年1月25日　配当支払開始予定日　2023年1月26日
有価証券報告書提出予定日　2023年1月26日
決算補足説明資料作成の有無　：　有
決算説明会開催の有無　：　有　（機関投資家・アナリスト向け）

（百万円未満切捨て）

1. 2022年10月期の連結業績（2021年11月1日～2022年10月31日）

(1) 連結経営成績　（%表示は対前期増減率）

	売上高		営業利益		経常利益		親会社株主に帰属する当期純利益	
	百万円	%	百万円	%	百万円	%	百万円	%
2022年10月期	183,053	23.9	△1,113	―	2,457	△22.6	744	△60.8
2021年10月期	147,694	8.7	△2,415	―	3,174	179.5	1,901	―

（注）包括利益　2022年10月期　4,229百万円（107.2%）　2021年10月期　2,041百万円（－%）

	1株当たり当期純利益	潜在株式調整後1株当たり当期純利益	自己資本当期純利益率	総資産経常利益率	売上高営業利益率
	円 銭	円 銭	%	%	%
2022年10月期	18.76	18.49	1.5	2.4	△0.6
2021年10月期	47.98	―	4.1	3.4	△1.6

（参考）持分法投資損益　2022年10月期　―百万円　2021年10月期　―百万円

（注）当社は、2021年5月1日付で普通株式1株につき2株の割合で株式分割を行っております。前連結会計年度の期首に当該株式分割が行われたと仮定し、「1株当たり当期純利益」及び「潜在株式調整後1株当たり当期純利益」を算定しております。

(2) 連結財政状態

	総資産	純資産	自己資本比率	1株当たり純資産
	百万円	百万円	%	円 銭
2022年10月期	109,621	58,967	45.8	1,264.56
2021年10月期	98,989	54,657	48.7	1,216.39

（参考）自己資本　2022年10月期　50,258百万円　2021年10月期　48,238百万円

(3) 連結キャッシュ・フローの状況

	営業活動によるキャッシュ・フロー	投資活動によるキャッシュ・フロー	財務活動によるキャッシュ・フロー	現金及び現金同等物期末残高
	百万円	百万円	百万円	百万円
2022年10月期	9,944	△12,105	△4,696	13,169
2021年10月期	4,738	△9,477	2,458	18,748

2. 配当の状況

	年間配当金					配当金総額（合計）	配当性向（連結）	純資産配当率（連結）
	第1四半期末	第2四半期末	第3四半期末	期末	合計			
	円 銭	円 銭	円 銭	円 銭	円 銭	百万円	%	%
2021年10月期	―	0.00	―	20.00	20.00	793	41.7	1.7
2022年10月期	―	0.00	―	20.00	20.00	794	106.6	1.6
2023年10月期(予想)	―	0.00	―	20.00	20.00		―	

3. 2023年10月期の連結業績予想（2022年11月1日～2023年10月31日）

（%表示は、対前期増減率）

	売上高		営業利益		経常利益		親会社株主に帰属する当期純利益		1株当たり当期純利益
	百万円	%	百万円	%	百万円	%	百万円	%	円 銭
通期	209,000	14.2	3,000	―	3,100	26.2	1,100	47.7	27.71

上記サマリー情報に加えて、
①経営成績等の概況／②会計基準の選択に関する基本的な考え方／③連結財務諸表および主な注記

います。

決算は、決算期から遅くても45日までには報告が義務付けられていますが、多くの会社は30日前後で報告しています。

よく新聞で会社が増収だったとか、増益だったなどの記事を見ることがあるかもしれませんが、その新聞の元ネタはこの決算短信で報告される売上高、利益の額です。投資家やメディア関係が最も注目している情報でもあります。

この決算短信は、東京証券取引所などの取引所のHPや、各社のHPより入手が可能です。前章の各社の貸借対照表、損益計算書、キャッシュ・フロー計算書の情報を得るための1つとして、私も各社のHPよりダウンロードして入手しています。

分析のための情報がまとまっており、会社の決算情報をもっとも早く入手できることから、私もしばし利用しています。

②有価証券報告書（四半期報告書）

有価証券報告書の特徴は、何よりも情報量の多さです。

有価証券報告書は決算日後3ヶ月以内に発表すればよいので、決算短信よりも発表の時期は遅れます。

しかし、監査法人や公認会計士の監査というチェックを経ていますし、その情報の豊富さは他の情報源の追随を許しません。多くの会社で、有価証券報告書の記載ページは100ページを超えるほどです。

内容は、事業内容、経営成績等の決算情報だけでなく、株主の状況、役員の状況、従業員の状況、設備の状況等が詳しく記載されています。決算情報などの数値情報や、それ以外の会社の情報を組み合わせることで、会社の強み弱みを分析することや、会社の課題、問題点を分析できます。

1-2　有価証券報告書

有価証券報告書目次例

第１部　企業情報

第１　企業の概況

第２　事業の概況

第３　設備の状況

第４　提出会社の状況

第５　経理の状況

第６　提出会社の
　　　株式事務の概要

第７　提出会社の参考情報

第２部　提出会社の
　　　　保証会社等の情報

監査報告書

四半期報告書目次例

第１部　企業情報

第１　企業の概況

第２　事業の状況

第３　提出会社の状況

第４　経理の状況

第２部　提出会社の
　　　　保証会社等の情報

監査報告書

私も会社を本格的に分析するときには利用しますし、機関投資家等会社分析を専門にする方々はこの有価証券報告書を大いに利用していると思います。会社を分析する際にはとてもありがたい資料なのです。

有価証券報告書、四半期報告書はともに「EDINET」（http://info.edinet-fsa.go.jp/）で無料入手することができますし、各社のHPにて開示されています。

③事業報告書

決算短信や有価証券報告書は主に上場会社が作成報告するものですが、こちらの事業報告書はすべての会社に作成が義務付けられている報告書で、決算期毎に事業の経過等を報告するものです。

この事業報告書は、上場会社以外の会社でも、決算書以外の会社の状況を把握できるので重宝します。しかし、上場会社のように監査法人や公認会計士などの監査を受けていない会社では作成していないことも多く、必ずしも情報が充実していないことがあります。

事業報告書は原則として、株主になれば決算期後3ヶ月以内に送付されてきます。また、会社によってはHPに掲げている会社もあります。上場会社以外の取引先会社から決算書を入手する時があれば、事業報告書も同時に入手を求めると、提出してもらえる可能性があるのでトライしてみてください。

上場会社であれば、有価証券報告書の入手先である「EDINET」の有価証券報告書情報に、「代替書面・添付書類」を見るサイトがあり、そこの株主総会招集通知にて見ることができます。

④会社四季報

3ヶ月に1回すべての上場会社の業績や業績予想をコンパクトに

1-3　事業報告書

事業報告書目次例

1　企業集団の現況
- (1)　当連結会計年度の事業の状況
- (2)　直前3事業年度の財産及び損益の状況
- (3)　重要な親会社及び子会社の状況
- (4)　対処すべき課題
- (5)　主要な事業の内容

⋮

2　会社の現況
- (1)　株式の状況
- (2)　新株予約権等の状況
- (3)　会社役員の状況
- (4)　会計監査人の状況
- (5)　業務の適正を確保するための体制および当該体制の運用状況

⋮

まとめて報告しています。会社を知る最初の入口としては最適な情報源かもしれません。書店で購入することが可能です。会社四季報と同じ内容としては、他に「日経会社情報」などがあり、こちらも書店で購入可能です。

⑤信用調査レポート

「帝国データバンク」や「東京商工リサーチ」等の信用調査会社が発行するレポートです。上場していない会社や株主でない会社の情報を得たいときに利用できます。レポートでは、会社の業績や資本関係、借入状況等が記載されています。民間会社のレポートですから、有料です。

⑥会社 HP

最近は多くの会社がHPの内容を充実させています。会社の沿革、店舗状況、会社の理念、事業内容等が情報としてHP上にあることがあります。決算書を読む前には、会社の事業内容をある程度イメージしてから読むほうが良いことがありますから、そのイメージを作るために会社HPを読んでみることをおすすめします。私は、会社の情報を得るときには、必ずHPを見るようにしています。

02 決算書の限界を知る

決算書は会社を知るために大変便利なツールですが、やはり限界があります。この限界を知ってもらうことで、決算書をより効果的に利用することができると思います。

おカネに換算できないものは表現できない

決算書は会社の経営成績や財政状態を報告してくれますが、損益、資産、負債項目のうち金額で換算できるもののみが計上されています。

例えば、会社が被った損害によって、将来損失を支出する可能性があったとします。一種の負債なのですが、これが貸借対照表には必ずしも計上されないのです。支出されることが決まっても、その支出金額が明確になるまでは決算書に計上されることはありません。せいぜい、貸借対照表とは別の、貸借対照表への注記情報で記載されるくらいです。

また、同じ事業を運営していても、他社より高い収益を生み出せる会社がありますが、この会社は他社にはない収益を生み出せる価値ある資産を持っています。それは顧客基盤かもしれませんし、組織体制、人材、ノウハウなのかもしれません。しかし、その資産は決算書をいくら探しても出てきません。

ただ、これが決算書に計上されることもあります。それが「のれん」と呼ばれるものです。会社や事業を買収するときには、買収先が持っている資産そのものの値段に加え、その会社の特別な収益力に見合った、余分なおカネを支出して買収することが多いのです。このプラスした価値分が「のれん」です。

買収されると、その会社や事業の収益力価値が計上されることはあります。

しかし、それ以外の場合で、会社の特別な価値が、のれんとして決算書に計上されることありません。

私は仕事上、貸借対照表に計上されていない「のれん」を計算することがありますが、かなりの金額になることがあります。ときには、決算書にある資産の金額よりも「のれん」の資産金額の方が多いことすらあります。

どれだけの金額になるか、１つの参考値ですが見ていきましょう。簡易な見方ですが、株式時価評価額と純資産額の比較で「のれん」の価値を見てみましょう。

2-1 「のれん」の正体

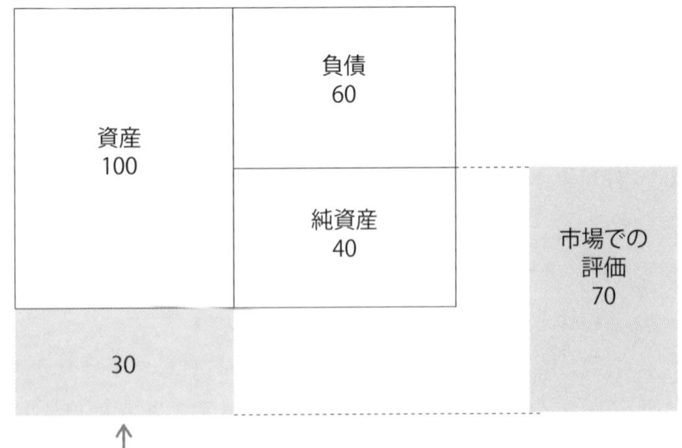

貸借対照表では純資産40ですが、市場ではその価値を70と評価されていると、決算書にのっていない価値として30が隠されていることになります。

次は具体的に、「くら寿司」「カッパ寿司」「元気寿司」で見てみましょう。

2-2　純資産と時価総額との差額

	くら寿司 2021年11月1日〜 2022年10月30日	カッパ寿司 2021年4月1日〜 2022年3月31日	元気寿司 2021年4月1日〜 2022年3月31日
自己資本（百万円）	51,046	11,634	9,302
時価（百万円）	144,071	66,858	22,625
差額（百万円）	93,025	55,224	13,323

「くら寿司」は930億円、「カッパ寿司」は552億円です。逆に「元気寿司」は133億円です。

もちろん、株式価値が会社の価値を完全に評価できているという前提ですが、現実には株式評価は様々な要因で変化しますから、差額そのものが「のれん」にはなりませんが、貸借対照表に計上されない会社の価値があるということを知っていただければと思います。

真実をあらわさない

この本では、決算書を読むことで会社を理解するための説明をしています。これが成り立つためには、重要な前提があります。それは、決算書は会社の経営成績や財政状態を適切に表現しているという前提です。

そんなの当たり前のことではと思われるかもしれませんね。

確かに、上場会社や大会社はこの前提が成り立っていると言ってもいいでしょう。なぜならこのような会社は監査法人や公認会計士といった第３者にチェックを受けるからです。

ただ、日本の会社の9割以上が監査法人等からチェックを受けているような大きな会社でなく、いわゆる中小企業です。そして、この中小企業の決算書では、会社の状況を正しく表現できてないことがよくあります。

このように説明すると「中小企業は粉飾をしているのか」と思われるかもしれません。確かに、嘘の売上を計上したり、存在しない在庫を計上したりしている会社があるのも事実です。

ただ、粉飾をせずに真面目に決算書を作成しても、税務会計の弊害や、金融機関の脅威、決算書への無関心といったことから、中小企業の決算書は歪んで真実をあらわさなくなることがあるのです。このあたりについて少し説明していきます。

①税務会計の弊害

中小企業が決算書を作る理由は何でしょうか？

会社である限りは、法律上決算書を作る必要があるのですが、法律で必要だから作っているというより、むしろ、税金を納めるために作っているのが現実です。税金を算定するための会計を税務会計と言います

中小企業では、この税務会計で決算書が作成されてしまうので、決算書は歪んでしまうのです。

税務会計と違い、会社の経営成績や、財政状態を適切にあらわそうとする会計が財務会計です。

税務会計で大切なことは所得を算定することです。

ここでいう所得とは、税務上の収益である「益金」と、税務上の費用である「損金」を差引いた金額です。この所得は会計上の利益と似てますが、違いもあります。その違いは、会計上の「収益・費用」と税務上の「益金・損金」は違うことから生じてきます。

税務上では、会社の所得が少なくならないように、様々なルールが決められています。なぜなら、法人税はこの所得に税率を乗じて税金額が算定されるので、国からすると所得が多ければ多いほどいいからです。このいくつかのルールが会計上の利益と税務上の所得に違いを生じさせています。

例えば、財務会計上は費用となるものでも、税務上は損金にしないものがあります。財務会計上では資産の価値が下がってしまった場合や、債務として確定していなくても将来の支払義務が確実で金額が見積もれる場合、費用として計上します。その一方では、税務会計上では、資産の価値下落が売却や除却等で実現したり、将来確実に失うおカネであっても債務として確定していなくては、損金として認められません。

基本的にはこのような傾向があるため、税務会計に基づいた損益計算書は財務会計と比較して、費用が計上されない傾向にあり、貸借対照表上は過大な資産と過少な負債になる傾向にあります。

社歴の長い会社で、資産負債が多い会社ほど、適切に税務会計で決算書を作り続けた結果、真実をあらわさない歪んだ決算書になる傾向があります。

②金融機関の脅威

中小企業が恐れる先の1つは税務署、そして、金融機関です。借入していなければ恐くないのですが、多くの会社が金融機関と借入という形で付き合っています。

中小企業の決算書は何のために作っているかと先ほど質問しました。答えは、納税するための税金計算のためですが、その次の理由として、金融機関に提出するためです。金融機関はおカネを貸している会社を定期的に評価します。会社の安全性は問題ないか？ 収益力はどうか？ そして、会社が提出する決算書を分析して、会社の格付けしていくのです。格付けが低くなると新規貸出がしてもらえませんし、場合によっては、借入を引き上げられてしまいます。

多くの中小企業は安全性が高く、収益力は高いと判断してくれる決算書を提出したくなるでしょう。税務会計で決算書を作れば、その意に適います。財務会計に基づいて決算書を作るより、税務会計で決算書を作った方が会社としては費用が計上されない傾向にありますから、望ましいと考えることになるでしょう。

ただ、裏話ではないですが、会社が決算書を提出しても、金融機関では受け取った決算書に歪みがあれば是正して分析して、評価しています。

③無関心

中小企業経営者が決算書に無関心であれば、さらに決算書は歪んでしまいます。経営者は経営をするにあたって、決算書を見ることで、会社の状況を数字で把握することができます。そして、決算書を利用して経営しようとすれば会社の状況を正しく映し出す決算書を求めるはずです。

ただ、経営者が決算書に興味がなければ、おそらく顧問税理士に任せると思いますが、顧問税理士は税務の考えに基づいて決算書を作ってきます。

別に税理士が間違っているわけでなく、税理士は自分の職分に従って、適切に税金計算をした結果の決算書を作成しているだけです。経営者が決算書に関心がなければ、歪んでいても関係ありません。見ないのですから。

そして、歪んだ真実をあらわさない決算書だけが残っていくのです。

このように、中小企業の決算書は歪んで真実をあらわさなくなる仕組みが組み込まれています。そんな決算書をいくら読んでも、会社の理解などできません。むしろ、間違った判断をしてしまうことになります。

例えば、損益計算書は利益が少しだか、自己資本比率を見ると50％もあるから大丈夫と考えて取引を開始。取引開始後しばらくたって倒産。倒産後わかったことは、棚卸資産は売れない価値のない資産ばかり、不動産もバブル時代に高く買ってしまい、今ではそのときの価値の10分の１になってしまっていた、といったケースも現実に存在しています。

中小企業の決算書は歪んで真実をあらわさない可能性があるということを決算書のもう1つの限界として、利用する上では留意ください。

03 真実と違う決算書を見抜く

では、中小企業の決算書が歪んで真実をあらわしていないのであれば、どうしたらいいのか。

粉飾している場合も含めて、真実をあらわさない決算書を持つ会社の兆候をいくつかあげます。まず、この兆候の有無を確認することです。

①売上債権、棚卸資産の回転期間が長い会社

債権の回収期間が通常の回収サイトと比較して、異常に長期に及ぶ場合や、仕入（製造）してから販売までの期間と比較して、回転期間が長期に及ぶ会社です。

例えば、売掛金の回収期間が1ヶ月のとき、売掛金が1年の売上の半分を占めている場合はどうでしょうか？ 売掛金は半年近く回収されていないことになります。おかしくないでしょうか？

②有形固定資産が多額な会社

損益計算書で利益が毎期わずかなのに、有形固定資産を多額に持っている会社は要注意です。保有している有形固定資産を有効に利用して価値を生み出せていません。つまり、有形固定資産が生み出す価値と比較して過大に計上されている可能性があります。

③借入金が多額の会社

損益計算書の利益と比較して借入金が大きい会社です。営業利益と減価償却費を足した金額で借入金を割ってもらい、10年を超えている会社は要注意です。もちろん、設備投資のために最近借りたのであれば問題ないかもしれませんが、そうでない場合は、価値を生み出さない資産に投資してしまったため、借入返済が進んでいないからです。貸借対照表の価値を生み出さない資産におカネがはりついてしまい、資産が実際の価値より過大に計上されている可能性があります。

④事業に関係ない資産が多い会社

事業に関係ない資産、有価証券やゴルフ会員権、リゾート会員権、絵画等を多く保有していれば、含み損失を抱えている可能性が高いです。そして、これは経験上ですが、事業と関係ない資産を多額に抱えたままでいる会社は会社の経営状況があまり良いことがないと思われます。

⑤その他

60歳前後が多いが、退職引当金が負債に計上されていない会社や、他に輸出入取引を行い、かつ、取引金融機関が都市銀行等である場合はデリバティブをして、莫大な損失を抱えている可能性があります。

実際の兆候を見てみる

例えば、次のような決算書を入手したとします。わかっている状況としては、地方にある社歴は古い、卸売業というくらいです。この決算書を見るとどうでしょうか？ 実際にあった決算書の一部を修正しているのですが、この決算書を見ると歪んでいる可能性が高

3-1　ある老舗卸売業の決算書

（貸借対照表）　　　　　　　　　　　　　　　　　　　　　　　　（単位　百万円）

（資産の部）		（負債の部）	
流動資産		流動負債	
現金預金	23	買掛金	461
売掛金	981	短期借入金	821
棚卸資産	1,182	その他	120
その他	5	流動負債計	1,402
流動資産計	2,191	固定負債	
固定資産		長期借入金	1,832
（有形固定資産）		固定負債計	1,832
建物	661	負債合計	3,234
土地	1,520	（純資産の部）	
その他	1	資本金	10
有形固定資産計	2,182		
（無形固定資産）			
ソフトウェア	24		
その他	14		
無形固定資産計	38		
（投資その他の資産）		利益剰余金	1,234
投資有価証券	64		
その他	3		
投資その他の資産計	67		
固定資産合計	2,287	純資産合計	1,244
資産合計	4,478	負債・純資産合計	4,478

（損益計算書）　（単位　百万円）

科目	金額
売上高	3,577
売上原価	2.824
売上総利益	753
販売費及び一般管理費	681
営業利益	72
営業外収入	2
営業外費用	53
経常利益	21
特別利益	0
特別損失	18
税引前当期純利益	3
法人税等	1
当期純利益	2

いと感じましたし、実際に歪んでいました。

それぞれの兆候を見て歪みの部分を見てみましょう。

回転期間

- 売上債権回転期間……3.3

  売掛金÷平均月商＝981÷（3,577/12ヶ月）

- 棚卸資産回転期間……4.0

  棚卸資産÷平均月商＝1,182÷（3,577/12ヶ月）

私はこの会社の平均の売掛の回収サイトは1ヶ月だと予想したのですが、決算書から計算してみると3.3ヶ月になりました。これは過大な金額だと考えました。実際に調査したところ、回収サイトはほぼ1ヶ月程度でしたし、回転期間が3ヶ月超の原因は過去の売掛金が滞留しているせいだということもわかりました。

また、棚卸資産についても、仕入から販売までの期間は1ヶ月と予想しましたが、実際は平均月商の4ヶ月分になりました。こちらも実際には販売見込みのない長期在庫が半分近くありました。

有形固定資産

有形固定資産も21億円持っていますが、損益計算書を見ると利益があまり生み出せていない状況です。有形固定資産が効率的に利益を生み出せていないと考えられます。本当に、有形固定資産がこのような価値なのかと考えました。実際に調査して評価をしてみると、2割近く価値が下がっておりました。

借入金

実は、この会社を見てすぐに厳しいと思ったのが、この借入金の金額でした。短期借入金と長期借入金を合計すると25億円であるのに対して、営業利益0.7億円、経常利益0.2億円です。減価償却費はわかりませんでしたが、減価償却費を加えて営業利益＋減価償却費を1億円と予想しても25年の償還年数です。また、1年以内に返済する借入は8億円なのに、利益は1億円にも満たない状況です。借入金を返済するのは営業で稼ぐおカネなのですが1年で稼ぐ利益が1億円で借入8億円というのはどうやって借入を返すのだろうかと思いました。

実際は、この会社は金融機関から、返済がくると借入をして、その借入金の返済がせまるとまた、借入するということを繰り返している状況で、その過程で少しずつ借入金が増えてしまっていることがわかりました。

事業に関係のない資産

「投資その他の資産」投資有価証券を0.6億円持っていました。実際調べると、過去に上場有価証券を買ったのですが、実際の市場価格が下がってしまい、売ると損するという塩漬け状態で持っている状態でした。実際に評価すると半分程度の評価となってしまいました。

その他

歴史のある会社で従業員も高齢で、退職給付引当金がありませんでした。退職の度に、特別損失で支払の費用が生じています。損益計算書の特別損失18百万円が損益計算書にありますが、これは退職金の支払が大部分でした。

実際、これらの歪みを修正したところ純資産はほぼ0近くになってしまいました。最初の自己資本比率は30%近かったのですが、歪みを正すと自己資本比率はほぼ0でした。

損益計算書では利益が出ているのですが、キャッシュ・フロー計算書を作成してみると、営業キャッシュフローは過去継続して赤字で、その赤字を保有不動産を売却したり、金融機関の借入で賄っている状況でした。

このような歪みは、調査しなければ真実はわかりません。しかし、通常の取引関係の中で調査することは実質不可能です。

むしろ、中小企業の決算書には真実をあらわさない限界があることを知り、その視点で決算書を見てもらいたいのです。説明したような兆候があれば、決算書が歪んでいる可能性が高く、決算書はこの会社の状態を適切にあらわしていないと考えればいいのです。兆候を見るときでもこの本で説明してきた分析手法を使っています。分析を通じて、「会社の実態を決算書があらわしていないぞ」と気づけばいいのです。そして、このような会社に出会ったら、見る目を厳しくして、その会社の雰囲気や、評判に注意をすることだと思います。

04 決算書をフレームとして活用する

決算書を読むことでその会社を理解することができます。最初の方でも書いていますが、実は、なかなか決算書を読む機会がないため、結果として、せっかく決算書のルールや用語を忘れてしまい決算書を読めなくなってしまいます。

決算書を読む機会を作る方法としては、1つは株式投資することかもしれません。自分のおカネを投資した会社ですから、その会社を理解するインセンティブが大いに働くかと思います。

営業マンであれば、取引先の決算書を入手する立場になれば、仕事のため、その会社の収益力や安全性を理解しようとすることで、実務レベルに役立つとと同時に決算書を読む訓練にもなります。

今回、せっかくの機会ですから、決算書を単に読むだけでなく、決算書を考えるためのフレーム（枠組）として用いる方法を説明します。

この考え方は仕事や生活に大いに利用することができると思っています。この考え方ができるようになると決算書の形を頭に浮かべることができます。決算書の形を頭に浮かべる段階まできたら、決算書を読むことは苦にならなくなるはずです。

おカネを儲けたいとか、おカネに関することを決算書というフレームを用いて考えると見えなかったものが見えてきます。

いくつか具体例を挙げて説明していきます。

まず、個人の生活から考えてみましょう。

会社員の1年間の動きを決算書にあらわしてみるとどうなるでし

ょうか？ 決算書を作るなんて、簿記も知らないしできないと思いますか？

そんなに難しく考える必要はありません。決算書をフレームと考えて、数値を落とし込んでいけばいいのです。

会社員の収入と支出を考えていきます。給料は売上ですね。生活のために使う支出は費用ですから、損益計算書に関係してきます。資産や負債を持っていれば、貸借対照表に関係してきます。

1年間の給料は1,000万円、生活のために支出した費用は900万円としましょう。そして、現金預金は100万円で、住宅4,000万円、車200万円を持っていたとします。他に、住宅を買うために住宅ローン3,500万円負担しています。

この状態を次のページの上にあるような、決算書というフレームに記載していくとどのような決算書になりますか？ 決算書のどこになにがきますか？

回答は次ページの下の図です。

せっかくですから、まずこの決算書を読んでみましょう。収益性を見てみます。利益は100万円出ています。赤字は出していませんのでよしとしましょう。過去と比較して、利益の推移や利益の増減の原因を探ることで、個人の生活のための改善が図れるかもしれません。

次は、安全性です。個人の生活で安全性と言えば、おカネが尽きないということです。

自己資本比率を見ると18％（800÷4,300）です。あまり高くないですね。住宅ローンを抱えた個人はおそらく、自己資本比率は低くなります。

現金預金は100万円ですが、なにか突発的なことがあれば困ってしまいそうです。3,500万円の借入金はどうでしょう？ 100万円の利

4-1　会社員の生活を決算書に置き換える

損益計算書

損益計算書
売上高
費用
利益

貸借対照表

資産	負債
	純資産

損益計算書

項目	金額
売上高	1,000
費用	900
利益	100

貸借対照表

資産	負債・純資産
現金預金 100	借入金 3,500
建物土地 4,000	
車両 200	純資産 800

※純資産は資産と負債の差額で
　算定されることになる

純資産
＝資産ー負債
＝（100＋4,000＋200）−3,500
＝800

益と比較すると35年です。実際のローン期間と比較して長いのであれば、借入過多となるのでしょう。利益を増やしていかなければ、借入金が返済できなくなるときがありそうです。

実際、このような家計であれば、勤めている会社が倒産したり、リストラにあって給与が入らなくなると、直ぐに生活が破たんしてしまいます。そのようにならないためにも安全性を改善することが必要でしょう。

ここで、もう一度おさらいしましょう。

安全性が高い会社の特徴には、次のようなものがありました。

① 現金預金が多い
② 自己資本比率が高い
③ 借入金返済期間が短い

ですから、この家計では以上の点についての改善を目指していく必要があります。

まずは手持ちの現金、つまり現金預金を増やすにはどうすればいいのでしょうか？

1つは資産を売ることです。例えば車両を売却すれば、車両が減って現金預金が増えます。必要なときに、タクシーを使うなり、レンタルするということも考えられます。

貸借対照表を見てください。左側の現金預金を増やす方法は他にありませんか？左側を増やすには右側の負債か純資産を増やせばいいわけです。借入金を増やすという手もありますね。ただし、安全性はさらに下がりますが。

もう一つは純資産を増やすこと。この純資産を増やすにはどうするか？ 利益を増やすことですね。損益計算書にある利益を増やすことです。給料を増やして売上を増やすか、節約して費用を減らすことです。

3つ目の借入金返済期間は、家計で考えると住宅ローンなどに置き換えることができます。図を見ると、住宅ローンも利益と比較して多いですね。例えば、ローン期間が20年のなか、35年ということはこの利益ペースだといずれ破たんしてしまう可能性が高いということです。

では、どうすればいいのか？ やはり、利益を増やすことです。現預金を増やす方法と同じように、収入を増やすか節約するかになります。

以上の行為は普段の生活で心がけている当たり前の事かもしれませんが、この普段の心がけを決算書に反映させて考えることもできるのです。単に家計簿で収入と支出を見るだけでなく、今ある資産や負債を利用したり、考慮したりして生活を安定させることで考える選択肢を増やすことが可能です。

個人で、不動産投資や、有価証券投資をした場合も同じく決算書をフレームとして利用して考えることで、よりよい生活が送れることになるかもしれません。

次はもう少し、仕事に関係することで考えてみましょう。皆さんは自分関係している仕事でどれだけの資産と負債を使っているか知っていますか？

経営者でない多くの会社員の人は、売上と費用の損益関係については、自分の予算であったりプロジェクトの売上目標であったりと、意識する機会が多いのです。そのため、損益計算の発想はあるのですが、一方で資産や負債といった貸借対照表に関する考えが頭からすっぽりと抜けてしまっていることが多いようです。

しかし、地位があがるにつれて、資産、負債に関わる機会も増えていきます。また、機会がないといっても、資産と負債への影響を考えることがより適切な意思決定に役立つことと思います。

損益計算書はそのおカネの流れのうち収益として回収されるおカネと、費用として支出されるおカネの流れしかあらわしていません。このおカネの一部の流れしかあらわさない損益計算書だけを見ていてはおカネを儲けることができません。

おカネを支出する場合は、費用となるときもあれば、資産として貸借対照表に計上される場合がありますし、負債が減る場合もあります。おカネが入ってくる場合は、収益となる場合もあれば、資産が回収される場合、負債が増加する場合もあります。

会社が生き残り発展していくためには貸借対照表が重要であるということは、ここまで読み進めた人ならなんとなくわかっていただけていると思います。おカネを使って、それ以上のおカネを回収していくというのが会社の活動そのものだからです。ここまで視野を広げられれば、いよいよ会社に使われるだけの社員ではなくなってきます。

さて、ここで実際に決算書というフレームを仕事に利用する方法を見てみましょう。

ある会社が、小売店舗で商売をして儲ける計画を考える場合を使ってみましょう。計画では売上は1,000、売上原価400、給与等の経費で570かかることになります。投資としては店舗に900、現金として90、商品10必要という計画です。これを決算書というフレームで考えてみます。この計画を決算書にあらわすと次のとおりです。

売上、費用はそれぞれの項目に記載して、差額を利益とします。また、資産は貸借対照表の左側において、負債があれば左側、純資産は資産と負債の差額となります。今回は投資にあたり、すべて自分の資本で賄っています。どうでしょうか、決算書に置き換えることはできましたか？

この計画を実行するために、投資すべきかどうかを考えてみましょう。

少なくとも利益が30出ていますから、投資してもいいと考えるかもしれません。損益のみを考えるだけなら、利益が出ているので、投資してもいいと考えるかもしれません。しかし、損益だけで判断するのは前述のとおり、かなり危険な考えで、おカネの一部しか見えていません。実際には他に使ったおカネがありますから、それも考えないといけません。

そのための材料が貸借対照表です。この貸借対照表にある投資した資産も含めて考えます。つまり、ROAを考えていくのです。この会社は投資してどれだけ、リターン（利益）を得ているでしょうか？

この投資は1000投資して、30の利益ですから3%（30÷1000）に

4-2　小売店舗の決算書①

損益計算書

項目	金額
売上高	1,000
売上原価	400
売上総利益	600
販管費	570
営業利益	30
当期純利益	30

貸借対照表

資産	
現金 90 商品 10 店舗 900	総資産 1000

なっています。

多くの会社では投資するかどうかのボーダーラインというべきものを設けています。例えば、投資へのリターン率が5%を超える必要があると決められている場合、この投資は3%なので実行されないことになります。

しかし、ここで「じゃあ投資は無理だ」と考えるのをやめてしまってはいけません。まだ決算書を利用して考えることはあります。それは、この投資のリターンをボーダーラインより上にする方法です。方法はいくつかあるのですが、まず1つは売上高を増やすか、費用を減らすことで利益を増加させる方法が考えつきますね。

他にも方法を思いつきますか？

ROAを思い出してください。利益÷総資産です。

上記の「売上を減らして、費用を減らす」というのはROAの分子の利益を増やす方法です。ROAを考えれば、逆に分母を動かす、つまり総資産を減らす方法を思いつきます。

そこで貸借対照表をもう一度見ましょう。

資産で減らせそうなものはありますか？ 店舗投資をしない方法はどうでしょうか。店舗を買うのでなく借りる方法です。店舗を借りることで、賃料は発生して、利益は減少しますが、資産も減ることになります。分母で分子の減額の差によりROAが変化します。今回は、店舗を借りることで賃料が20増えたとしましょう。

この場合、投資100に対して利益が10ですからROAが10%（10÷100）となりました。これなら、5%のラインを超えることができます。

投資のボーダーラインは超えるのですが、利益額そのものは減っています。別のメリットとしては、最初の例では投資は1,000必要ですが、100の投資で済んでいます。また、もし同じ利益を稼げる店舗

4-2　小売店舗の決算書②

損益計算書

売上高	1,000
売上原価	400
売上総利益	600
販管費	590
営業利益	10
当期純利益	10

貸借対照表

現金 90	総資産 100
商品 10	

を追加で2つ投資すれば最初の例の利益の30を得ることができるようになります。投資可能な店舗投資が多く存在すれば、1000投資すれば、100のリターンを獲得できることになります（現実的には、すべての店舗が同じ利益を獲得できるかは不明ですが……）。

方法はまだあります。それはなんでしょうか？

会社としては、投資に対して５％のリターンを得たらいいわけです。投資の金額を自分のおカネでなく、借入をした場合はどうなりますか？

借入金を900したとします。借入利息は18発生したとしたら、借入金、借入利息は決算書でどこに記載されますか？

借入金は貸借対照表の右側の負債に記載されて、借入利息は営業外費用に計上されます。

結果を見てみますと、100投資することで、12のリターンを得ているので12%のリターンです。この方法でも5%のラインを超えていることになります。

ROAは３％（30÷1000）と変わりませんが、借入をして、投資額を減らすことで、多くのリターンを得ています。

ROEの考えを使っています。ROEは自己投資とそれによるリターンの関係をあらわしています。

ROAが変わらなくても、借入をして自己資本を減らしてROEをあげて、結果として5%のラインを超えることができているのです。

その一方で、この方法には欠点があります。借入金を多くしている分、自己資本比率は10%（100÷1000）となり、安全性は低くなっています。借入金を増やして事業を拡大することは、事業が儲かっているときは優れていますが、一方で、安全性を低くしていくこと

4-3　小売店舗の決算書③

損益計算書

項目	金額
売上高	1,000
売上原価	400
売上総利益	600
販管費	570
営業利益	30
営業外費用	18
経常利益	12
当期純利益	12

貸借対照表

資産	負債・純資産
現金 90	借入金 900
商品 10	
店舗 900	純資産 100

だけは留意ください。借入をして成長してきた会社が、いったん利益がだせなくなると潰れてしまうのは、安全性を省みず儲けを求めた結果でもあります。

損益だけでなく、資産負債を含めて考えることで、儲けるための手法が増えてきます。

この章では、決算書を読んで、会社を理解するだけでなく、決算書をフレームとして利用して、儲けていくことが考えることが出来るようになれば、決算書を読む力がつくことになると思い、応用的な部分ですが説明しました。

［著者略歴］

木村俊治（きむら・しゅんじ）

1995年、神戸大学経済学部卒業。大学卒業後、製造業（東証一部上場）の営業職を経て、公認会計士試験に１度で合格し、上京。1999年、監査法人に入社。中小規模株式公開支援、上場会社への監査・税務・経理管理コンサル業務に従事。2004年、投資ファンド運営会社に入社。再生事業業務に従事、投資先の役員として、事業計画策定、各種業務改善を実行し、投資先の再生を果たす。その後、再び監査法人を経て、2008年、木村会計事務所、（株）プラスバリューコンサルティングを設立。2020年、税理士法人プログレスサポートを設立し、現在に至る。

税理士法人プログレスサポート ホームページ
https://www.progsupport.or.jp

改訂版（かいていばん） 決算書（けっさんしょ）が読（よ）めない
社員（しゃいん）はいらない

2023年4月21日　初版発行

著　者　木村俊治

発行者　小早川幸一郎

発　行　株式会社クロスメディア・パブリッシング
〒151-0051 東京都渋谷区千駄ヶ谷4-20-3 東栄神宮外苑ビル
https://www.cm-publishing.co.jp
◎本の内容に関するお問い合わせ先：TEL（03）5413-3140／FAX（03）5413-3141

発　売　株式会社インプレス
〒101-0051 東京都千代田区神田神保町一丁目105番地
◎乱丁本・落丁本などのお問い合わせ先：FAX（03）6837-5023
service@impress.co.jp
※古書店で購入されたものについてはお取り替えできません

印刷・製本　中央精版印刷株式会社

　ISBN978-4-295-40821-5　C2034